珠宝首饰销售培训系列教材

呈现产品力
CHENGXIAN CHANPINLI

徐 中 著

中国地质大学出版社
ZHONGGUO DIZHI DAXUE CHUBANSHE

图书在版编目(CIP)数据

呈现产品力/徐中著. —武汉：中国地质大学出版社，2010.9
（珠宝首饰销售培训系列教材）
ISBN 978-7-5625-2462-5

Ⅰ.①呈…
Ⅱ.①徐…
Ⅲ.①宝石-销售学-技术培训-教材②首饰-销售学-技术培训-教材
Ⅳ.①F768.7

中国版本图书馆 CIP 数据核字（2010）第 154971 号

呈 现 产 品 力
CHENGXIAN CHANPINLI

徐 中 著

责任编辑：方 菊 徐润英　丛书策划：方 菊 张晓红　技术编辑：阮一飞　责任校对：张咏梅		
出版发行：中国地质大学出版社（武汉市洪山区鲁磨路388号）		邮政编码：430074
电话：(027)67883511　传真：67883580		E-mail：cbb@cug.edu.cn
经　销：全国新华书店		http://www.cugp.cn
开本：787毫米×1 092毫米 1/16	字数：200千字　印张：12.375　彩图：8	
版次：2010年9月第1版	印次：2010年9月第1次印刷	
印刷：武汉中科兴业印务有限公司	印数：1—3 000册	
ISBN 978-7-5625-2462-5		定价：100.00元

如有印装质量问题请与印刷厂联系调换

六爪镶直臂款钻戒

18K金戒指

四爪镶钻石戒指

钻石吊坠

爪镶扭臂款戒指

夹镶镂空臂戒指

豪华款菱形钻石吊坠

群镶豪华款
钻石戒指

材 ← → 型
工 ← → 饰 ← → 意
五步呈现法示意图

包镶戒指

"铭记"款女戒

密钉镶戒指

钻石男戒

情侣戒

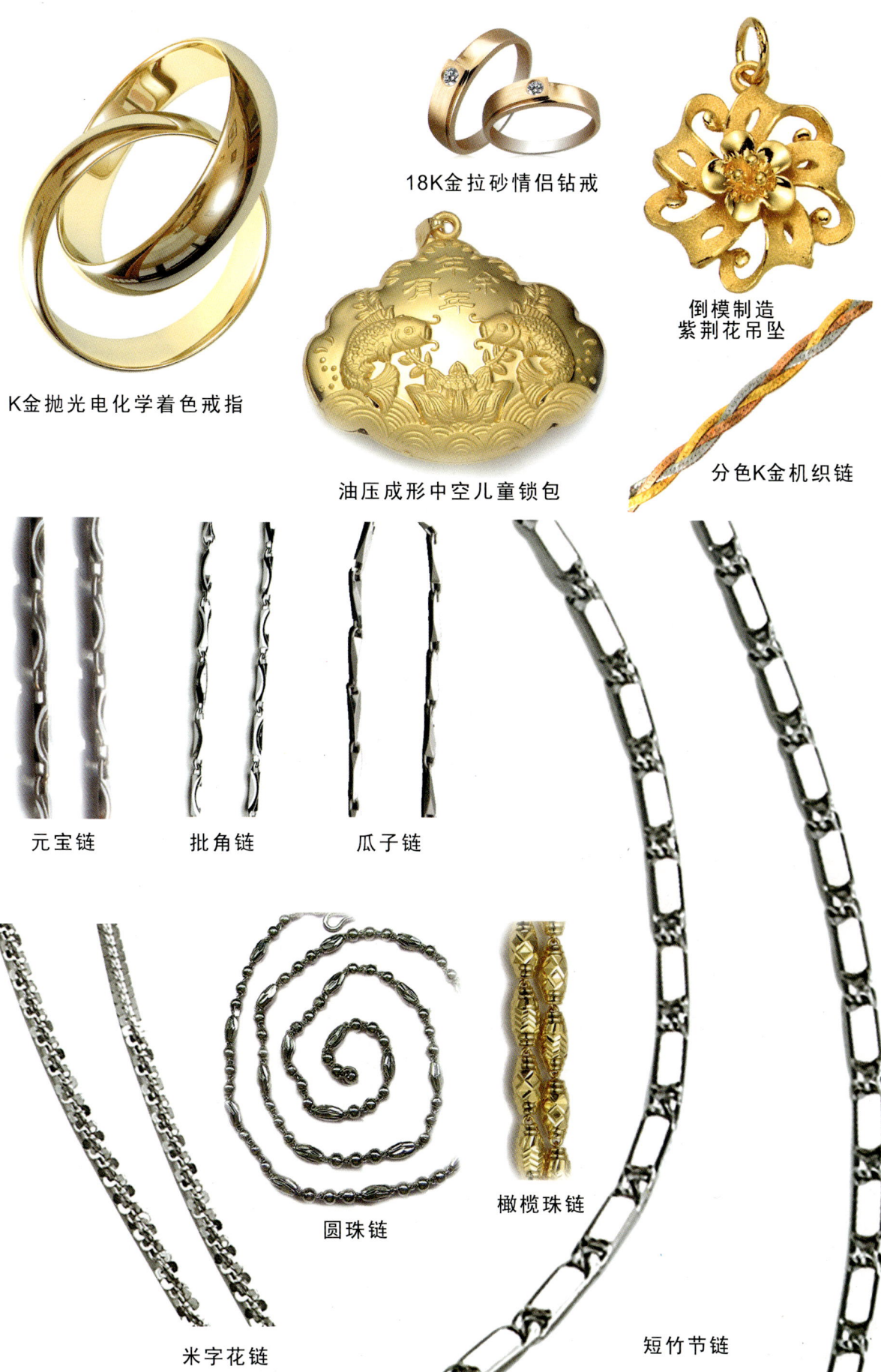

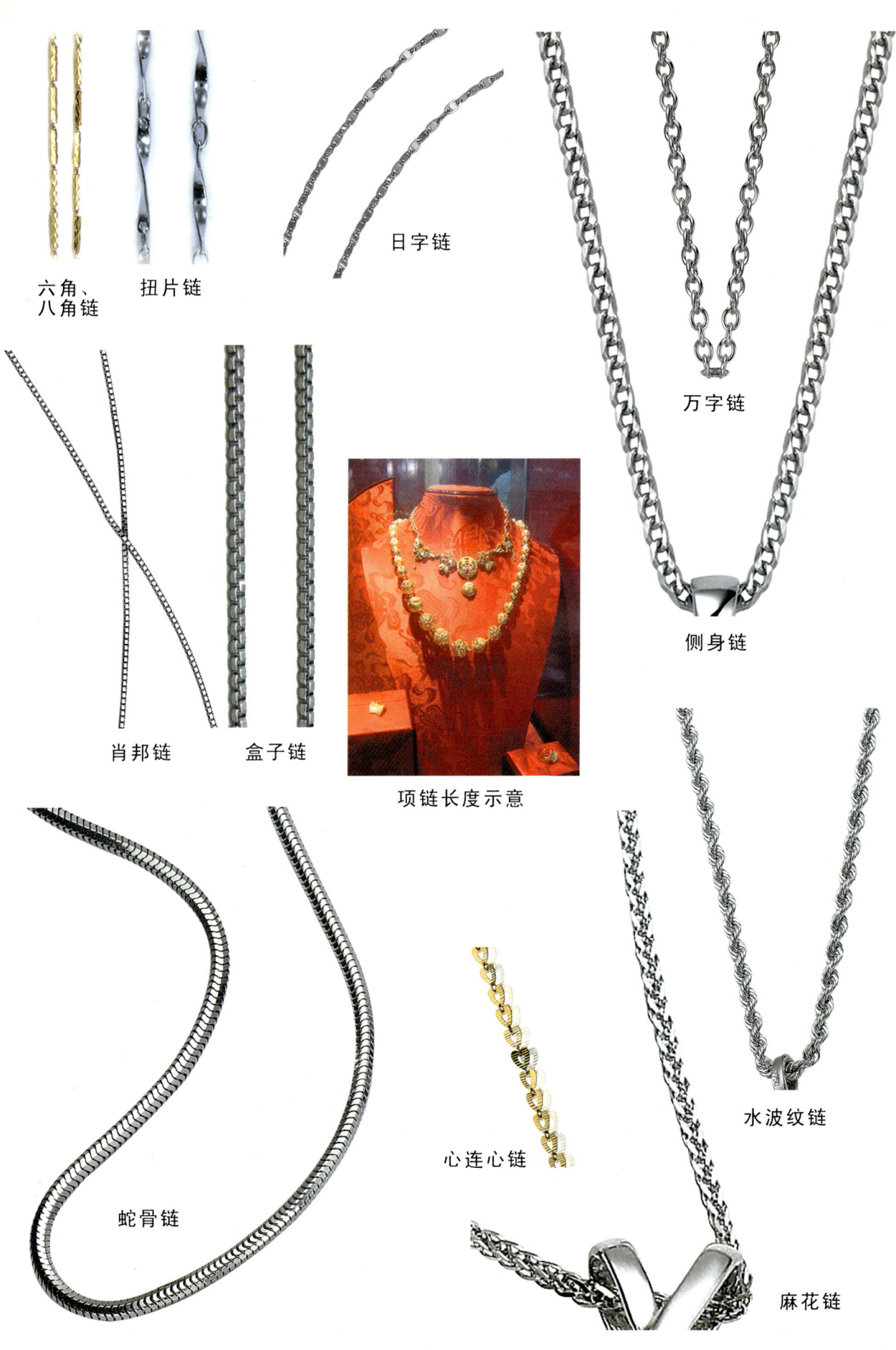

双心形花戒

蛇肚戒

车花条戒

铂金仿钻吊坠

男方戒

虎生肖吊坠

黄金仿钻形吊坠

黄金紫荆花吊坠

黄金传统方牌吊坠

黄金花头手镯

三色K金穗形吊坠

黄金车花满天星手镯

三色K金耳坠

K金圈戒

蝶恋花K金戒指

经典款K金戒指

潮流款K金鸟巢吊坠

时尚款K金吊坠

工艺创新款吊坠

中高档满绿翡翠葫芦吊坠

笑口佛

翡翠戒指

翡翠手镯

工艺讲究的螃蟹

貔貅

白菜

著者正在讲课的照片

著者授课现场

本书的编写目的和使用说明
（代　序）

销售人员是决定销售门店成败的关键因素之一，门店80%的销售业绩是由少数优秀导购所创造的，而这些优秀的导购与众不同的地方在哪里？如果我们能找到他们的过人之处，也就意味着我们可以通过素质训练复制成功经验。经过长期观察，我们发现优秀导购有其共同之处，他们都可以迅速掌握产品的价值所在，并能将产品的真实价值呈现给顾客。

当你去旅游时，会希望有一名导游陪伴，在你目光所及景物的时刻，能为你解说旅游景点的历史文化、传说、风俗等等方面的问题。当去展览馆观赏艺术作品时，你会希望了解艺术作品的内涵，如果有人能形象地介绍艺术作品，那将帮助你读懂它的美。比如看《蒙娜丽莎》微笑时，观赏者产生的真实想法是她的微笑为什么如此美丽、画家的目的是什么等很多的问题，要解开心中的谜团，需要一名资深的讲解员。同样的道理，每一件珠宝首饰都是设计师对美丽不懈追求的结果。那么顾客在购买珠宝首饰时所期望的导购是什么样的呢？当然也是想有对珠宝首饰所具有的特质能理解深入的资深的导购，向自己清楚说明和展示产品。作为优秀的珠宝首饰导购，应能担当这一重任。

市场不会等我们的导购专业性成长起来后再去发展，市场在天天变化与进步。在信息化的今天，顾客可以通过多种渠道获得更多的信息，他们越来越专业，过去可能听说4C都会很茫然，而今天，他们已经开始用4C标准综合衡量手中的钻石首饰。要想成为优秀的珠宝首饰导购，面对的不仅是其他品牌的竞争，还有顾客对导购专业素质的考验。那么，作为销售者，如何才能有卓越的表现呢？从本书中可以找到答案。

没有人愿意和一个不懂尊重他人的人交朋友，商品的价值也需要尊重，顾客对所购买的珠宝首饰倾注了自己的热爱，假如顾客购买的珠宝首饰价值，导购没有给予专业解读，那么顾客可能会觉得自己的品位没有得到尊重。

任何一门技术或者学问的学习中，工具书都是帮助我们掌握知识的关键武器。如果销售也有一种工具书，帮助我们练习如何准确、有效地把商品的价值呈现清楚，那么，导购就可以通过掌握专业的技术来提高自己。经过训练的销售者和未经过训练的销售者的最大区别，是顾客是否愿意接受其担当自己的购物顾问。

我把这本小小的册子定位为销售珠宝产品的工具书，因它不只是一本知识小读本。知识读本可以帮助提升读者的素质，但还不能指导导购提高销售技巧。因为把珠宝首饰价值呈现清楚是一门综合技术,需要把珠宝的功能与顾客的需求进行完美的衔接。

珠宝首饰销售已进入体验式销售时代。首饰商品复杂多样,任何销售者都会有自己不能理解商品价值的问题,营造体验式销售更是一个难题。

体验式销售有四项要素:销售者如何让顾客按自己的方式体验珠宝商品?在哪里体验?商品的价值是什么?是顾客想要的价值吗?这四项要素都是以珠宝商品具有的价值为基础,顾客如果认为不值,那么一切的销售努力都没有结果。所以,把珠宝呈现清晰更是一门复杂的技术,需要了解顾客的购买力与习惯,并通过一种容易理解、结构化的方法把珠宝首饰价值呈现在顾客面前。

我想必须有一种帮助导购训练的工具书,提高导购理解珠宝、首饰价值的能力,同时,能训练导购的表现能力,适应销售环境的变化。

我们销售的是珠宝首饰的价值。这本工具书的核心内容是:如何分析珠宝首饰的价值?如何说明这些价值?如何让顾客体验珠宝首饰的价值?归结到一点:如何呈现商品的价值!

在这本小小的工具书里,我想从呈现商品价值的角度给大家提供一种工具。工具书好用体现在有一套符合顾客心理的呈现规律,以及还要有解决问题的方案。这本书所给每位阅读者的是:**掌握一项销售的关键技术,同时掌握关键技术的运用技巧。书中准备有解决问题的方案,导购日常训练时可以随时备查调用。**

在你想如何去讲述商品的好处之前,看看这本工具书,它会给你一套思考的方法,就是五步呈现法;遇到理解不清楚的商品时,翻翻这本工具书,你可以马上找到解决问题的答案;在这本工具书里,也分类分析了常见珠宝首饰类的商品价值要点,可以进行系统化的分类训练;当你想提高商品呈现的技能时,这本书里有多个案例,并通过案例分析告诉你该在什么时候用什么方法去有效地呈现商品。我希望这本书传递的是可以活学活用的技术。还想提醒读者,不要把这本书当作是销售技术的全部,因为产品力的发挥是本书的核心内容,销售力的提升问题将在另外的课程中与你交流与分享。

我把自己新开发的"珠宝首饰销售十项核心技术训练"中的一项,单独拿出来写成这本书,其他的销售核心技术需要我们在培训当中再面对面地演练。唯有多训练才能成长为一名成熟的珠宝首饰导购人才,在销售中才能游刃有余。这是我写本书的目的。

本书帮助你向顾客呈现商品的价值,而向顾客呈现商品的价值,是导购必不可少的一项技术。

著 者
2010 年 7 月 18 日

目　录

第一章　充满乐趣与激情的珠宝首饰销售 … 1
第一节　祝贺你成为一名珠宝首饰销售者 … 1
第二节　奥妙无穷的珠宝首饰世界 … 4
第三节　我们将分析哪些珠宝首饰种类的销售特点？ … 6

第二章　完美呈现珠宝首饰产品力的方法 … 7
第一节　人们为什么购买珠宝首饰 … 8
第二节　我贵，但我值！ … 14
第三节　呈现珠宝首饰产品力的实战方法 … 17

第三章　尊贵的N个理由——钻石镶嵌类款式的呈现 … 35
第一节　钻石首饰材质方面的呈现特点与示例 … 39
第二节　不同品类钻石首饰的呈现 … 57
第三节　表达钻石首饰的核心产品力——款式呈现的奥秘 … 80
第四节　商品呈现无处不在——体会呈现商品在销售过程中的应用 … 84

第四章　美丽的最好诠释：素金、K金类首饰的呈现 … 98
第一节　素金、K金类首饰特点 … 98
第二节　素金、K金类首饰的特性 … 101

第三节　素金、K金类各种首饰的价值呈现方法 ………… 108
第四节　从美感的角度理解K金首饰的销售特点 ………… 133
第五节　细分K金首饰款式及细分市场，寻找非同寻常
　　　　的优势 …………………………………………… 143

第五章　万千喜好于一身，翡翠类首饰呈现 …………… 151

第一节　翡翠类首饰的购买特点 ………………………… 151
第二节　不同档次翡翠首饰成品的销售特点 …………… 153
第三节　千姿万媚，翡翠款式的呈现 …………………… 158

第六章　训练、演练、修炼，珠宝首饰呈现的训练 …… 182

第一节　任何困难的事都怕找问题的人，没有问题的人做
　　　　不好销售！ ……………………………………… 183
第二节　谁来训练导购的专业化商品呈现能力 ………… 184
第三节　简单就是力量，简单的事情重复做——训练自
　　　　己专业呈现能力的方法 ………………………… 185
第四节　赠人玫瑰，手留余香——分享知识的终端店面
　　　　学习模式 ………………………………………… 187

附录 ……………………………………………………… 189

著者简介 …………………………………………………… 189
核心竞争力——珠宝终端持续赢利系统大纲 …………… 189
店长培训课程大纲："智慧赢家"店长培训简介 ………… 191
珠宝销售培训课程大纲：销售精英成长培训简介 ……… 192

第一章 充满乐趣与激情的珠宝首饰销售

第一节 祝贺你成为一名珠宝首饰销售者

珠宝首饰销售者的乐趣与激情

珠宝首饰不是现代人的创造,从久远的历史到现代,珠宝首饰都留下了自己的印记,珠宝首饰的发展历史几乎贯穿了人类的文明历程。但在物质文明落后的年代,珠宝首饰只是多数人的梦想,少数人的收藏。

当今,珠宝首饰从高高的殿堂回到百姓人间,不再是富有或者强权者的象征。她已经成为人们情感追求的必需品,成为人人都可以拥有的奢侈品。在今天,配戴珠宝首饰已很广泛,难以想象没有珠宝首饰装扮的个人形象会是什么样。而且珠宝首饰早已经不只是人们储存金钱的一种途径,她已经成为我们社会繁荣、民众富足的象征。

祝贺你成为一名珠宝首饰的销售者,参与到这样一场文明历史的变革与创造中来。珠宝首饰销售是一项非同凡响的工作。珠宝首饰是人们对美的追求;珠宝首饰是情感的寄托,是人们情感的力量所创造的产物。过去我们说黄金有价玉无价,在谈到黄金时,多少有些市侩的感觉,现在人们说的是奢侈有价追求无价,再贵的首饰都会有人不懈追求。而珠宝导购的工作,可能使人们的生活观念发生改变。从这个角度看,导购珠宝首饰是一项伟大的工作。其实导购销售的是人们美好的生活,是人们之间的交往礼仪,是人们的情感,是人们对所期望的个性生活的追求。

加入到珠宝首饰销售行业,需要担负起引导这一高尚的责任。所以,导购不只是一位销售者,更应该是人们的首饰顾问,想顾客所想,为顾客解决难题。导购也应该是人们的情感顾问,为人们的情感表达提供真诚建议;导购还是装扮美丽的顾问,把最精彩的美带给每一个顾客;导购还是人们合理运用金钱的顾问,让顾客在购买首饰的同时享受珠宝首饰带来的每一份快乐。

珠宝首饰销售者所必备的商品技能

热情与能力是成为优秀导购的两个基本条件,二者密不可分。有位年轻人到法国去留学,学习如何经营五星级的宾馆。可是学校却让他从端盘子、擦玻璃开始学习。他很不理解,如果要端盘子、擦玻璃,可以在家里学习,不用远渡重洋到时尚的法国来。他非常不乐意,曾怀疑自己出国的决定是否正确。直到有一天,他看到法国同学们一边吹口哨一边擦玻璃,把玻璃擦得发亮,就好奇地问:"擦玻璃有什么值得高兴的?"那个法国同学回答:"你看看我擦的玻璃照亮了每一个人,而你擦的玻璃却一点都不明亮。"这句话让他恍然大悟,原来我们做任何事情都要热心、彻底、全身心投入,这样才能做得好,做得愉快。这位年轻人后来用毕生的精力创造出世界著名的五星级酒店集团。有热情的帮助和自己的思悟使他实现了梦想,认识到那些只想学些秘诀的想法太不实际。正如他说的:别看是端盘子、擦玻璃,如果你想成为一家酒店的总经理,那么就要看你洗了几千个马桶,铺了几万张床单,而每一次都是最好的。这个故事说明,只有每一次热情地投入,才有能力的提升。

作为珠宝首饰销售者,有太多的内容需要学习。导购往往需要很长时间才能摸索出里面的一些门道,如果没有热情投入的心态作为支持,很多人是难以坚持的。很多导购认为只要服务好、热情待客就可以了,这样的想法对于简单商品的销售可能还可应付,比如某些快速消费品等。但对于销售复杂的珠宝首饰的导购,只

有激情而没有掌握技能,虽然也可以做导购,但做不了优秀导购。

只有从实战性的角度去认识珠宝首饰,才能把专业的知识变为销售力。学习不是目的,目的是将知识应用于实践当中。有顾客问:如果只想花几百元,该如何买到那些颜色、水头都很好的翡翠呢?导购说:不清楚,有标签定价的,照说的去选就可以。问题是照他说的,没有办法找到适合的又是几百元的货品。还有很多类似的问题,如钻石4C要如何运用等。这些类似的销售问题应如何解决呢?我们曾说销售是一门学问,而珠宝首饰产品更是一门奢侈的艺术,往往是由导购对产品的细致理解与表达决定销售的成败。

如果从实战的角度认识珠宝首饰,需要了解人们的审美心理、首饰的特点、顾客购买时的心理活动特点等,还需要将珠宝首饰的文化内涵与顾客的需求紧密联系起来。由于珠宝首饰购买方式的多样性,所以需要找到适合顾客消费习惯的表达方式,产品才能在购买中实现价值再现。再好的商品如果没有导购进行说明展示,可能它的命运就是被放在柜台角落里而无人知、无人问。销售珠宝首饰,对导购的最大考验是如何才能把商品的价值最大化地呈现在顾客面前。业内将导购分为三种类型:选卖产品,说明产品,运用产品。导购层次也随之逐渐提高。销售者对于珠宝首饰价值的理解也有三个层次的差异:

第一层次,理解商品特点,分析商品优点是导购的基本功;

第二层次,说明商品,演示商品的价值能让销售顺利进行;

第三层次,运用产品力,发挥产品力,才是销售商品技能的较高境界。

三个层次的理解差异决定导购销售水平,并且一定会在与对手的竞争中决定成败。从实战的角度出发,珠宝首饰销售的先决条件是需要掌握丰富的珠宝知识,而提高销售水平则靠的是活学活用这些知识,掌握销售实战技能需要把商品的知识与顾客的审美观念联系起来。我们曾经做过一次对比测试,某专卖店的导购多掌握一项识别奢侈品品牌的技能,与另一家只专门进行基础知识训练的导购比较,结果是前者的销售成果明显高于后者。这说明实战中不是只知道珠宝知识就够了,还需要培养广泛的兴趣,去学习更多的知识,包括:首饰审美、服饰搭配、珠宝文化与风俗、顾客心理、品牌识别、流行时尚等方面。

珠宝首饰有一种极富感染力的美,用珠宝熏陶自身的修养,可以让导购变得更加美丽。有家珠宝公司的董事长发现,公司的女孩子们从接触珠宝首饰后,都变得越来越靓丽了,这是珠宝本身美丽所感染的。研究首饰的修饰作用,可以习得穿着打扮的技能;研究首饰的艺术美,可以让导购具有艺术家的气质;研究首饰的情感寄托作用,可以让人明白人生的浪漫与平和。君子温如玉,所以只有去研究珠宝首饰,导购才能从珠宝中获得能量,成为一名成功的销售者。

第二节 奥妙无穷的珠宝首饰世界

在不了解珠宝之前,人们对珠宝首饰总有神秘感。对着这些光亮、鲜艳的物什,总想问问它们从哪里来以及为什么人们花费巨资购买而满怀喜悦?珠宝到底是一个什么样的世界?

当我们走进珠宝首饰的天地,才发现只能用"无穷"来形容。珠宝的世界,奥妙无穷;销售珠宝首饰,其乐无穷。在这个行业里,有太多好奇可以满足,销售珠宝与其他所有商品的销售都不同。在终端门店销售队伍中,常因一份真诚的付出,会有顾客给导购送来喜糖答谢;还有个别家庭富裕的女士本不用工作,就是因为向往珠宝的美丽,愿意在店面天天与珠宝首饰为伴,等等。这些很有意思的现象是其他行业所不具有的。那么珠宝首饰是凭着什么既吸引我们的感官又吸引我们的思想呢?

从宝玉石的天然特征角度来分析,珠宝首饰主要材料是宝玉石和贵金属,它们本身就具有吸引力。宝玉石是天然的矿石,与我

们随处所见到的石头、石子的价值不可能相同。珠宝专家们总结天然宝石与普通石头之间有三大不同：美丽、稀有、耐久。美是宝玉石的第一个条件，这种美是宝玉石天然具有的，珠宝具有艳丽夺目的颜色、晶莹剔透的质感、闪耀明亮的光彩、耐人寻味的天然图案。比如：翡翠，具有绚丽颜色；钻石，美在纯净和火彩；玛瑙，美在多变的图案。耐久是宝石的第二个条件，坚硬耐磨的质地，能够历经百年而不变，岁月流逝而不磨损。在地球万物中比较物质的坚硬程度，人们希望找到比人的寿命更加长久，以期望可以留传千年的天然矿物，因而耐久的程度就作为衡量宝石的条件之一。钻石之所以成为最昂贵的宝石，其中一个原因就是它是自然界里最坚硬又不怕腐蚀的宝石。自然界价值较高的宝石多为一些硬度大、耐腐蚀的品种，如钻石、红宝石、蓝宝石等。稀有是宝石的第三个条件，它们在自然界中被人类发现或者发掘出来的量非常少，因而在物质世界罕有，这也让拥有这些宝石的人付出代价高昂。

从珠宝首饰销售所面对的人性特点分析，销售珠宝首饰相比销售其他商品的不同之处是对设计艺术的感知，顾客类型的差异，是不同顾客对事物的不同理解而造就的。每个人都是根据自己的经验、从不同角度去解读首饰。珠宝首饰的奥秘不仅在于其材料的独特性，它还是人类数千年的文化精华之一，有了人类文明就有了首饰。现代首饰在珠宝的世界交易背景下，各种文化在首饰的方寸间融合，珠宝首饰设计的发挥空间前所未有。只要时尚变化，珠宝首饰设计也随之而变。首饰设计被认为是一种艺术，而艺术设计的含意在不同的人有不同的解读方式。人们在感受设计时的心境、热情、激情和共鸣等情绪活动，也让人以不同的角度去理解艺术的魅力。过去的经验与习惯不同，对相同的设计也会有多种相异的理解。珠宝首饰的款式所反映的只是外观，奥妙就在人们多样性感知设计之中。销售珠宝首饰者也参与到文化的传播之中，并且直面顾客，这对销售者提出更高要求，需要其理解首饰的文化。

第三节 我们将分析哪些珠宝首饰种类的销售特点？

很多人都想成为全面通晓珠宝销售知识的全才，却没有耐心把某一类珠宝知识研究透彻。人才之所以称之为才，多是因为他在某一方面专业研究有所成就，而成为专才。专注的研究积累也会融会贯通到其他方面，终有一天会帮助一个人成为全才。先要成为专才，才能成为全才。对商品的理解也是一样，从主要的经营品种深入进去，可以帮助我们正确理解珠宝首饰，之后才能以顾问式的模式去销售。不管是何种珠宝产品，店面销售时都需要向顾客推荐介绍商品，那么，如何呈现商品的最大价值，才是我们所关心的。现在大多数珠宝首饰专卖店都会有几类主要经营的品种。因为这几个品类的消费需求面比较广，在顾客珠宝首饰购买中占的比例较大，把这几个品类集中起来销售，符合顾客的购物习惯。从我们自身成长的角度和顾客消费习惯的角度去衡量，终端珠宝首饰导购都必须建立主要品类的销售知识体系，这也是学习本书的目的所在。

在本书中，主要介绍的是珠宝首饰商品呈现技术，分析的首饰品类有三项：①钻石镶嵌类首饰。②素金、K金类首饰。③翡翠类首饰。

第二章 完美呈现珠宝首饰产品力的方法

完美呈现珠宝首饰产品力的方法,即导购如何完美呈现产品

首饰产品是主观设计的结果。虽然定型制造时都会遵循顾客需求第一位的理念,但是,毕竟设计制造者的主观意识并不等于顾客的客观需求。分析店面存在长期滞销商品的原因有两种:一种是设计思路完全不符合顾客的需求,商品没人买;另一种是符合顾客的需求,但顾客没有发现那正是自己需要的产品。人们在寻找珠宝首饰中适合自己的款式时,有点像"众里寻她千百度,蓦然回首,那人却在灯火阑珊处"的意境。顾客寻来找去没有办法实现自己的购买想法,这时

图 2-1 六爪直臂款钻戒

导购的商品推介,会让顾客忽然醒悟,原来自己要的就是当下这款珠宝首饰。完美呈现产品是顾客体验的唯一途径。例如,有次导购介绍六爪皇冠款戒指(图 2-1)时,指出这款戒指的造型特点:"六个爪就像呵护爱情的手,是永恒爱情的见证",而这次销售就因此句感性的语言,让顾客产生购买的愿望。美的首饰,加上导购的推荐介绍,显示了顽石的灵性和生机盎然。

产品的力量确实在影响顾客的感知结果,但是,在产品同质化的今天,单靠产品自身的吸引力已经很难说服顾客。目前,有很多美丽的首饰放在柜台里无人购买。这就需要导购去了解人们为什么购买珠宝首饰,以及人们购买珠宝的需求特征是什么,通过了解顾客心理以帮助我们引发顾客的购买兴趣。顾客购买兴趣的激发

在销售中是十分重要的。一件珠宝首饰产品放在顾客的面前,导购要做的是用正确的方法把产品的价值与顾客的需求联系起来,顾客才会愿意接受产品力的影响。

如果产品力与顾客的需求密不可分,那么,我们能否通过分析顾客为什么会购买珠宝首饰来找到产品真实的价值?如果顾客的购买理由是成立的,我们如何把顾客购买的理由与产品联系起来?还有,该如何引导(影响)顾客感知产品?该如何引导(影响)顾客最终的商品选择?理解顾客为什么买珠宝首饰是解决这一系列问题的条件。

第一节　人们为什么购买珠宝首饰

顾客为什么要买珠宝首饰?与珠宝首饰本身有什么联系吗?

不论做什么事情,有种说法是态度决定一切,成功销售需要什么态度呢?了解顾客需求特征是顾问式销售的基本态度,试想一名导购不能把握顾客需求,这能成为顾客选购珠宝首饰的参谋吗?显然不行,这个简单的道理,我们却常常忽视它的存在。成功销售需要清醒认识顾客的需求特点,并作为实现销售的条件,这种意识就是成功销售的心态之一。

介绍与展示商品是销售必不可少的过程,但介绍与展示商品的方向很重要。销售是高效率工作,无用功的事不要去做。当导购数个小时辛苦解说的产品却不是顾客想要的,就是产生了方向错误而导致的失败。那么,顾客为什么要买珠宝首饰呢?人们的购买要求是如何实现的呢?

1. 有多少情感难以言语

钻石恒久远,一颗永留传。购买珠宝首饰的原动力包括了人们一生中所要经历的重要情感阶段。人生中每一段情感只要是历久弥新的,都值得用世间最珍贵的珠宝首饰来表达。有人说,女人

极具情感性,女人的价值要用珠宝来体现。珠宝首饰可以把人们的亲情、友情经历联系在一起。珠宝首饰因永恒的象征为人们所追求,首饰因珠宝的美丽而被赋予无限的情感想象。珠宝首饰所蕴涵的情感,可以从商品的寓意、造型特点、材料质量等方面找到最好的表达。

2.有多少美丽需要装扮

首饰的修饰功能是其迷人因素之一。珠宝首饰个头虽小却蕴涵无穷的艺术魅力,一件制作精良、富有创意的首饰可以让拥有者美丽,而一件选择精确适合的首饰可以让拥有者独具个性。这就是为什么有时即使是并不名贵的宝石,但还是让人爱不释手的原因。女性顾客选择首饰产品有自己的观点,她们首先注重的是珠宝首饰的美感和对自己的修饰效果。珠宝首饰的修饰作用我们可以从首饰的造型、制作材料等方面找到表现,而在首饰与个人容貌的搭配中又能够发掘出顾客所想表达的妆饰效果。

3.有谁的梦想不想实现

有些顾客购买珠宝是以追求"幸运""顺利""安全"等为主要目的。人都是有梦想的,并期望与众不同。他们迷信于命运对人生的影响,希望获得冥冥之中神灵的护佑。大多数国人在这种文化氛围中长大成人,这也是部分人群购买珠宝首饰的主要动机之一。珠宝首饰被人赋予一定的寓意,这些寓意或者是情感,或者是寄托。项链佩戴在脖子上就像人们想让这些寄托距离自己心脏最近。珠宝首饰的寓意可以用造型的图案来表达,比如图腾等;也可以用首饰的材质来表达,如君子如玉、真情如钻等。

4.奢侈是财富的象征

珠宝的财富显示能力没有其他物品可以比肩同齐。珠宝奢侈的特点可以帮人实现那些有争强好胜、攀比和胜过他人的想法。消费者普遍具有攀比心理,特别是在同事、熟人、朋友之间,每个人都想有比他人更富裕的生活。所以对财富的占有欲望是以仰慕珠宝奢侈性为特征的购买动机之一。这种奢侈的追求可以从首饰用料上反映出来,而工艺设计制作的唯一性特点也可从中体现。

5. 时尚就要秀出来

时尚是"流行"和"前卫""新颖""奇特"等购买动机追求的结合体。追求时尚的顾客首先注重商品的款式、颜色、功能等是否独特和流行,而把商品的品质和价格等实用性要求放在第二位。年轻消费者是构成这种购买动机的主体。比如80后、90后,他们的时尚需求非常强烈,对潮流反应敏感,思想变化快,容易受外界环境和社会风尚的影响,是新款式、新功能商品的主要购买者。而且会成为时尚产品的重复购买者。对产品来说,珠宝首饰的时尚性主要表现在造型的流行性风格设计,其次是首饰用的材料、品质也会成为时尚,比如钻石首饰的消费就是从20世纪末至本世纪初的短短十年流行起来的。

6. 我就喜欢

这是一种满足爱好或兴趣的购买需求特点。人们往往会对某些事物产生特殊的兴趣与追求,如收藏、习惯等。因为兴趣左右,这类顾客的购买行为取决于个人的嗜好,他们可能拥有较高的专业鉴别能力,购买珠宝首饰的次数会很稳定,购买的时间持久,自主选择性较强。因为人类的兴趣广泛,所以对珠宝首饰的价值就有不同的看法。爱好积蓄的人认为选材用料是首饰的最大价值,爱好艺术的人认为造型设计是首饰最重要价值,爱好收藏者认为珠宝的品质与工艺才最有价值,喜好装扮自己的人会认为首饰的修饰作用最有价值。这种喜欢好像没有任何理由,却是人类心灵深层需要的表象。

7. 要在尊贵中买到便宜

这类顾客选购商品最注重的是"价格",不求最好但求有无。

她们对商品的质量、外观、流行性、款式、颜色等方面要求不高。当然追求便宜是人类的天性,谁都喜欢特价、折扣、赠送礼品、发放贵宾卡等促销手段,购买中这种动机都会相伴左右。只不过"价格"影响人行为的强度是不同的,单一刺激的时间也不会很长久。在商品销售中可以把这种需求当作是暂时性需求。顾客所认为的价格便宜归根到底应是价值衡量后的感觉,而不是价格便宜这单一因素决定的。

8.品味是生活的优先选择

成功的珠宝首饰形象代表了一种人生经营理念或是人生态度。消费者与其说是在购买珠宝,不如说是在购买相应的生活品味与格调。在社交场合中,佩戴珠宝首饰也是一种礼仪。在一些重要的社交场合中,人们也爱佩戴与自己身份相符的饰品。这种需求方式在首饰的用料考究、造型设计风格、完美搭配、佩戴情境等方面得以体现。

上面所列举的只是顾客的部分需求而已,珠宝首饰产品导购有着更为广阔的施展空间。那么在推销说明产品时,导购所要注意的是什么呢?

呈现产品力应从顾客购买需求开始,而不是试图去说服顾客

影响购买者购买的因素有很多,但没有一种商品可以与珠宝首饰相比,其中所包含的情感因素更因人而不同。导购在向顾客呈现商品之前,应先询问自己:"这是顾客所要的吗?"

有些销售者认为,只有说服顾客,顾客才会购买。这完全是一种利用口舌去"决斗"的天真想法。不错,了解顾客需求能够帮助导购找到推销的方向,但是顾客是否选择在贵店里购买,决定权完全在于顾客自己。销售时沟通的作用不是单赢,而是要做到双赢。购买是一种顾客自我意识的作用,不代表导购说服顾客就能赢得成交。

探询顾客的购买动机，不是去锁定购买动机，商品呈现要因购买动机而自然产生

通过对顾客购买珠宝首饰动机的大致列举划分，可以发现，购买过程中的心理活动经常是几种动机交织在一起。这就需要导购在销售过程中，细心观察、揣摩顾客的心理，了解其真正需求，从而在多种购买动机中透视、挖掘出其真实动机。

销售商品就是满足顾客的一系列需求和要求，需求满足会出现多种情况，可能其中的一个动机会起到比较重要的作用，也可能是多种动机相互作用。商品的某个卖点不一定是顾客所需要的，那些认为卖商品就是满足顾客某一个方面需求的想法是不切实际的，它只会让你失去顾客，而满足顾客多种需求，需要综合表达商品的价值。

通过对购买动机与珠宝首饰特点的交叉相互比对，也可发现，不论购买动机如何复杂，购买动机都会以珠宝首饰的价值为主要诉求。在此我们抛开服务、环境等因素，单从首饰产品的角度来分析。首饰产品的价值，基本反映在首饰的材料质量、造型与风格、搭配修饰、制作工艺、寓意意境、价格等方面。那么我们就应从这几个方面去与顾客互动。

通过珠宝首饰的款式类别去探询顾客的需求

在营销领域，通过市场细分去开拓适销对路的产品有很多成功的案例。最经典的案例是海尔集团针对农村市场开发"可以洗土豆的洗衣机"，广为管理学者所列举。市场细分的依据是消费者的需要、购买行为和购买习惯等方面的差异，针对每类消费者群体采取独特的产品组合以获得领先的销售优势。

在珠宝店面销售中，某些导购也会出现针对某类人群销售成功率比较高的特点。通过对这些导购销售方式的分析，发现她们比较了解某类消费者的购买习惯，能够方便地与这类消费者沟通，

并且是对某一类商品比较熟悉。其实偶然当中,这类导购把自己"细分"到一个特定的市场。这也给我们以启示。如果导购能够对自己销售的产品进行全面"细分"分类,对顾客的需要、行为习惯进行挖掘,那么销售珠宝产品可能就会更加得心应手。

珠宝首饰款式有多种分类方式,下面我们把它们排列出来。通过这些细分,导购可以了解珠宝首饰设计生产的不同目的。在销售中导购应如同雷达一样锁定顾客的需求,有目的地呈现首饰的产品力。

(1)以款式的功能种类分为:男女戒指、吊坠链牌、手链、耳钉、耳环、胸针、发饰等类别。

(2)以顾客消费习惯特点分为:经典款、豪华款、时尚款、工艺款、品牌款等类别。

下面通过钻石镶嵌类珠宝首饰款式分类来体会顾客的产品需求方向。

材料:以镶嵌用材特征分为:Pt镶嵌款、18K金镶嵌款,以钻石特征分为碎钻款、独钻款、大钻款等。

工艺:按镶嵌方式分为爪镶、夹镶、包镶、群镶、槽镶等类款式,按表面处理工艺分为抛光、磨砂、车花、批花等类款式。

造型:按照图案分为花型款、流线型款、几何型款、卡通款、装饰型等,按照质感肌理分为抛光光面款、闪亮面款、砂面款、纹饰面款等,按效果分为立体、平面、流线、几何等款式。

修饰:按照首饰的修饰需求分为套系款、单款、服装搭配款等,按照顾客对自己形体美的关注程度分为脸、脖、手、发饰款等款式。

寓意:按照人们的美好愿望分为婚姻、幸运、财富、持久、现代寓意、传统寓意等款式。

我们首先要将首饰划分出一个类别,再来将此类别与顾客的购买要求、购买行为习惯相对应起来。当一个类别中符合顾客的消费习惯和审美习惯的产品,才能叫做是"适销对路"。这也意味着,想要销售好产品,先要学会分类产品,准确分析顾客对产品的要求,推荐适合的产品,才能算是合格的导购。

第二节 我贵,但我值!

顾客买的必是感受到的价值

先让我们体验一个故事,分析它所引发的深层思考。

【案例】

一次,在西安授课(图2-2),听课的有100多位学员,都是西北各家专卖店的店长。很有意思的是,学员们谈起了西北的很多新鲜事。其中印象特别深的是:西北现在还有媒婆存在,这是讲客户关系经营时,学员说出来的。于是我向学员打听他们所见到的媒婆,以及媒婆是如何工作的。在这群有趣的学员帮助下我终于相信,当代信息社会里还存在这个古老的职业,并且还是比较红火的职业。更有趣的是这批学员中还有几个人经常客串媒婆,好奇心让我向他们打听这个职业的工作细节。有几位打开了话匣子,真是让我见识了什么是吃红娘饭的。她们说现在说媒的不好做,

图2-2 著者授课现场

因为竞争对手太多了。我吓了一跳,做媒的现在还多吗?她们说,

不是媒婆多,而是女娃子现在朋友多、人脉广,什么QQ上的啊、交友网站啊,见过的好男人多了去了。80后、90后女娃个个心气比天高,说个媒比销售还难。这和珠宝首饰商品销售还真有点像。现在珠宝首饰产品同质化严重,顾客不好选择。我就问她们,有说成的吗?是怎么说成的?想从中感悟一下西北女娃的购买模式有没有一些特点。

其中一位介绍了一个媒婆刚说成的案例,我把这个案例拿到课上和学员们探讨,以便大家向这位媒婆学习如何呈现商品。

故事要从男方开始,男方26岁,身高1.76米,是家珠宝公司的省级分公司业务员。相貌一般不是很帅,不是那种花见花开、人见人爱的帅哥型;女方也谈不上貌若天仙,但却心比天高,属于期望值比较高的那种类型。就这俩人,媒婆撮合起来可花了不少心血,要不怎么说媒婆不好做,"玩"的可是"高科技"。

媒婆的计划是分两步来实施。第一步要让女方愿意见面,并且能给对方留下好印象。第二步要让俩人见面后能来"感觉",要让女方认识到男方是"潜力股"。这个计划目的明确,步骤清晰,就差两头说合、落实到位。

第一步:媒婆向女方介绍男方的特点。要在有限的时间里通过三言两语的介绍,让自己做媒的小伙子脱颖而出,获得姑娘的青睐。与售卖产品一样,关键是如何在最短的时间内,突破竞争,获得消费者的关注。所以媒婆要洞察女方的要求是什么。这个时候,女方首先考虑的无非是小伙的外貌怎么样?个头高不高?模样帅不帅?其次考虑经济条件怎么样?工作好不好?薪水高不高?前途好不好?在这个过程中,媒婆要会说,这样才能给别人留下好印象,女孩才会有兴趣见面。我们来看媒婆是如何说的:"这小伙子人还不错","个头是比中国男人的标准身高还高一点,是1.76米;再高一公分就不好配合女孩子身高。""有点像佟大为,属于女孩子们会一见倾心的那种类型","香港品牌珠宝公司的,年纪轻轻的一个人负责西安和兰州两个区域"。大家可以感受一下,媒婆真正做到三言两语让女方来了兴趣。

第二步：两人见面的设计，媒婆和婚介不同，媒婆不是师傅领进门，修行看个人的那种，还需要尽力去撮合俩人，这需要俩人要一见投缘。要想着见面时如何发挥男士的吸引力。而把男方的产品力表现出来可不容易，媒婆能做的也只能是设计。介绍这一对认识时，媒婆前后去了女方那里好几次，目的是了解女方的爱好，当了解到女方喜欢徒步远足运动，媒婆就安排两人初次见面的场景是去郊外看桃花。西北的桃花节是很有名的，媒婆为俩人订好桃花节一天游，约好俩人去旅游的时候见面。男方是做业务的，这一路上欢声笑语，非常投缘。几经约会，最后当然是成了。

换一个角度来看，这就是经典的销售技巧。媒婆洞察顾客行为动机在前，投其所好地呈现"商品"才能感人。了解顾客喜好，制造情景体验，所以达成"销售"。可以想象一下，如果媒婆不了解她的顾客，呈现的价值肯定会偏离方向。如果只说小伙是"潜力股"，人好个高。谁信啊？另外，如果是安排在咖啡厅见面，保准两人谈几分钟就会互相没了兴趣。

珠宝首饰销售也一样，呈现产品力要以洞察顾客在先。呈现时可以描述产品，但直接把导购自己的看法表述出来，存在两个风险，一是导购自己的想法是主观的，是在自己的经验上建立起来的。比如导购见过的珠宝首饰款式之多是顾客所难以经历的，导购必须正视与顾客之间的经验差异。二是导购自己的想法不能代表顾客的需求。

从这个案例中我们可以领悟到：在适当的时候、用适当的方法来做事情可以让我们事半功倍。优秀的导购常把销售比喻为舞台，自导自演策划一场完美的呈现，表达珠宝首饰的价值。考验销售技术就可以看导购在发现顾客需求后，是否能马上在自己脑中设计出如何在适当的时候把适当的产品介绍给顾客。别把自导自演当成很困难的事情，天天训练自己的思考能力和演练就可以做到。

同样的产品，用不同的方式表达，会让产品具有不同的魅力。

记得有一次,别人介绍一位俞姓朋友的姓名时说:"是'偷'字没有单人旁的'俞'"。这位姓俞的朋友当时就不好意思了。我笑着说:"哦,是大学问家俞济时的家门啊。"其马上自豪起来。还有一位姓熊的朋友。有些朋友把他介绍给别人时,总是喜欢开玩笑,故意说:"他姓熊,狗熊的熊。"而他呢,总是马上反驳:"不是,我是熊猫的熊。"同样是一个字,在每个人内心里感觉的价值是不一样的。这在珠宝首饰销售中是再常见不过的了。同是钻石的瑕疵,如果从"自然界留下的印记"角度来表述,正好证明钻石是天然的产物而不是人造的产品。

人们购买的是有利于自己的产品。从这个角度来看,衡量产品是否贵的想法对销售没有太多意义,顾客认为有利于己的产品再贵也会有人买。所以产品贵不贵并不重要,关键看是否有价值。我是"贵",但我要让你体验到我的价值是有利于你的。

第三节 呈现珠宝首饰产品力的实战方法

导购在推介珠宝首饰商品时易出现的问题

(1)按照说明书去应对不同的顾客,会出现如同货品播音员的刻板表现。

这种就是背书式的推介说明商品,在家背还可以,在顾客面前背就是自找不自在,还不如换个机器来做销售。珠宝首饰公司的有些产品介绍的册子,写得抽象,如果要求导购背下来,虽然也有利于导购推销,但少了一个环节,就是理解商品的价值在哪里。如果导购自己都不理解新款珠宝首饰对顾客意味着什么,也就不可能达到用产品感动顾客的效果。

(2)照着情感作用去说,顾客不一定喜欢。

有些导购开口就讲珠宝代表什么情感之类的话,顾客不愿接受,导购自己也感觉心虚。任何产品都有情感性和功能性两个方面的作用。正确认识珠宝首饰首先应该看到珠宝首饰也是偏向情感类商品,但不是单纯的情感性产品。珠宝首饰也有功能性的表现,比如服饰搭配的作用。另外,从销售的角度来说,理性产生兴趣,感性产生决定。感性的说明是应用在顾客对商品建立了良好的印象之后,也就是在产生兴趣之前。

(3)单纯说明商品卖点,可能顾客马上就会不喜欢。

"王婆卖瓜,自卖自夸",说明产品卖点是一个很好的推销方法。但是,不能忽视的是,珠宝产品的价值认识需要一个感知过程,顾客认识珠宝首饰是在从整体认识时产生兴趣,然后在理解利益的过程中建立对商品的信任的。就像买汽车不可能是只为买跑得快的车,还会比较车的安全性、操作性、舒适性等各方面综合性能。顾客买珠宝首饰也不可能只关注寓意,而不去关注质量、工艺、用料、款式美观等因素。强调卖点的销售方式有时会使导购背离顾客感受的方向,要知道产品的卖点是产品本身的特点,但顾客买的是适合自己的、有价值的产品特点。

(4)导购自己感觉好的商品,顾客不一定认同。

有些导购喜欢说:"我认为这款非常好,钻石感觉特别亮,和您特别配"之类的话。导购言辞简单的原因,不只是讲话修辞方面注意不够的问题,深究起来,更是导购对商品特点理解不足的表现。沟通需要有换位思考的意识,就如同别人说的话并不能代表你的观点一样。相同的道理,导购的感觉不能等同于顾客的感觉,导购按自己的喜好来推介商品,可以说是忽视顾客的品味,不懂欣赏商品的表现。

导购在商品推介上出现的问题非常多,但归纳起来有这样几个方面:不懂珠宝首饰美,不懂顾客喜好,不知道如何说明,甚至不会表达等。出现这些问题的原因是没有掌握把商品价值表达清楚的技术。那么什么是珠宝首饰产品的价值特点呈现技术呢?

珠宝首饰产品呈现的原理

什么是产品呈现?呈现是销售产品的必经过程,呈现是将产品的价值综合体现出来。价值只有在顾客感觉与思考中产生,导购所做的是帮助顾客认识产品价值,呈现商品是帮助顾客认识珠宝首饰价值的过程。呈现技术简单地说,就是准确推介商品的技术。

珠宝首饰产品呈现的核心技术:建立珠宝首饰独特性的呈现模型——五步呈现法(图2-3)。

经过我们对顾客的长期观察,发现顾客对珠宝首饰的认识与体验在以下五个方面。

图2-3 五步呈现法示意图

材:首饰所用的制造材料、首饰的用料品类、材料的质量等。

型:首饰的造型、首饰的主题、对首饰的美学认识等,是首饰美的外在表现。

意:珠宝首饰的寓意、情感表达等。

饰:珠宝首饰的妆饰作用,与服饰、体貌的搭配、修饰作用等。

工:工艺、质量、艺术性等。

这五个方面的认识正是产品力呈现的脉络,也是我们要建立的呈现模型。无论珠宝首饰如何复杂,如果想要去理解它,只要你从这五个方面去理解都可以找到商品的特点、优点、利益点等。无论顾客多么复杂,只要从这五个方面去探询,顾客的主要购买动机也就在里面。无论商品竞争多激烈、产品同质化多严重,对商品的选择标准也都建立在这五点之上。

优秀而卓越的珠宝首饰,在丰富的商品海洋里也难免有被淹没的可能。从探询顾客的购买动机到向顾客推介购买珠宝首饰,顾客总是在寻找、发现与体验首饰产品给自己带来的乐趣。五步呈现法就是在引领顾客去体验首饰的价值,享受珠宝首饰的乐趣。

1. 怎样按照五步呈现法分析商品

需要注意以下几方面。

(1)五步呈现法的整体认识功能:如果想要让顾客体验商品整体的价值,就需要按照顾客购买需求,从五步呈现法的五个方面去有条理地说明。

(2)五步呈现法的呈现次序:如果想让顾客建立选购珠宝首饰的标准,需要分清顾客购买的主导性动机,按照主次动机来排列说明的先后顺序。需要记住:你最先呈现的内容对顾客的影响最深。

(3)五步呈现法的多样方式:每个人的购买习惯都是独特的。顾客在某一方面的购买动机比较强烈时,导购呈现商品也应该调整思路,侧重于顾客感兴趣的方面进行说明。导购对珠宝首饰的价值全面认识之后,就可以针对顾客的购买动机,组合商品的优势,用多种表达方式向顾客呈现。

2. 专业呈现产品力的知识基础

五步呈现法从五个方面对珠宝首饰产品进行分析与说明,相对地,对导购的知识结构也有五个方面的要求。

(1)珠宝首饰所用材料材质的知识。
(2)珠宝首饰产品设计元素的知识。
(3)当代珠宝首饰制作工艺知识。
(4)与首饰佩戴相关的美学知识。
(5)珠宝首饰文化方面的知识。

3. 五步呈现法为什么不包含价格说明？

不包含价格，是因为销售服务的所有思想与行动的目的都是为把商品卖个"好价格"。这个"好价格"特指合理的价格。所谓合理应该包含了销售方必须创造的利润与顾客确实获得的低廉成本两方面因素，可以说"双赢"才是合理的前提。销售应该是实现产品利润的过程，销售不是把产品递交给顾客的手续，而是在产品价值形成的基础上才有销售的意义。简单地说，就是卖产品不如卖产品的价值。那么顾客认为产品有价值会是什么样的呢？

【案例】

有一次去成都巡店，路过某品牌的专柜时，导购热情的招呼让我停下脚步，使我期望看看她们的服务品质如何。那导购看我停下脚步，忙说："先生，我们这里打二八折呢！"一句话就让我看轻了她所代表的品牌，于是对导购说："小姐，打二四折行不行，问问你们的领导吧。"那导购一听，就要去打电话，我赶忙叫住导购，对她说："小姐，我们还没有选首饰呢！你因为我一句话就要去申请折扣，怎么这样急于成交，难道就没有珠宝首饰是你自己所喜爱的或者可以向我推介的吗？"

顾客选择在哪家珠宝店购买商品，是选价格低的还是选更有竞争力的产品？飞利浦·科特勒在其营销著作里是这样解释价格与价值的关系的：价值是总顾客价值与总顾客成本之差。如果销售者在让渡价值上没有优势，则应该在努力增加总顾客价值的同时，减少总顾客成本。前者要求强化或扩大该提供的产品服务、人员或形象利益，后者要求减少购买者成本。可以降低价格，简化订购和送货程序，或者提供担保减少顾客风险。

从科特勒的购买公式里我们知道，以低价格销售珠宝首饰是减少总顾客成本的方法之一，而顾问式销售是提高总顾客价值的方法之一。选择哪种方法作为门店销售的主要方式，很明显是以人为本的，是以门店导购所能提供的服务价值来决定的。

对珠宝首饰销售者来说，我们需要了解珠宝首饰的价值与价格的关系。价格与价值是两个本质不同的概念,价格不等于产品的价值,价值是顾客的感觉、判断、思考的结果。价格与商品价值之间是互动的。商品的价值量越大,价格越高;商品的价值量越小,价格就低。商品的产品力越大,价格越高;商品的产品力越小,价格就越低。

对于珠宝首饰,顾客购买的价值,也会因人而异,包含多样性的选择,汇总起来主要是从以下几项中增值。

(1)产品价值:产品的主要利益、产品的形式(如包装、品牌、品种、款式等)和附加产品(如保证、安装、送货、维修等)。

(2)服务价值:核心服务的价值、追加服务的价值等。

(3)人员表现的价值:导购的营销思想、知识水平、业务能力、工作效率与质量、经营作风以及应变能力等所产生的价值。员工决定着企业为顾客提供的产品与服务的质量,从而决定顾客购买总价值的大小。

(4)形象价值:是企业品牌知名度的竞争,是产品附加值的一部分。

与顾客谈价格比较好的时机是在什么时候呢?从销售的角度来看,在顾客没有感知到商品的价值前去谈价格是没有持续性作用的。比如顾客刚来就用折扣去吸引顾客,虽然可以起到一定作用,但这只是吸引作用,我们要知道:吸引作用并不等于购买商品,吸引作用只是激发顾客关注的一步而已。购买必须经历对商品产生兴趣、多方比较产生信任等心理过程。经验也证明,在顾客认识到商品的价值后再去商谈价格,比以价格去主导销售要顺利。我们可以从中找到规律,谈价格最好放在商品呈现之后,并且在顾客认同商品价值的条件下再去谈或讲。

珠宝首饰商品呈现的两个目标

如何准确表述商品的价值?如何用商品影响顾客?说正确的话、做正确的事,是销售商品的诀窍。这里面都有个问题,即跟谁说什么样的话才是对的,对谁做什么样的事才是正确的?购买商品的对象是顾客,我们是要对顾客说对话、做对事。道理虽简单但不一定人人都可以做到。当你了解了要因人而异,但实际中该如何去做呢?如果不同的顾客有不同的要求,那么顾客的要求是否有规律呢?如果顾客的要求是有规律的,那么这会是什么样的规律呢?该如何运用这些规律促成顾客感知商品的价值呢?

1. 站在顾客的立场上讲产品

呈现商品的前提条件,是顾客对你所呈现的内容感兴趣,才能对商品感兴趣,站在顾客的角度说话也包括商品的推介说明。有些人想,顾客你选吧,选好了我再给你解释。这种想法,是让顾客在没有引导的情况下选择商品,是把一切机会都寄托到商品自身,从而忽视了导购的销售职责。顾客的专业性毕竟有限,对珠宝店内的商品不可能全面了解,每款首饰的特点更是顾客不清楚的。这就像道理不说就不能够清晰一样,商品给顾客带来的好处是在销售者的呈现中才能发现。什么是导购,有人说导购要会做导游,起引导顾客的作用;有人说导购要会做导演,要会讲故事,感性化地销售商品。不论如何比喻,导购都不能偏离顾客的需求动机,不能离开商品。必须站在顾客的立场即站在顾客需求的立场上去呈现商品。

站在顾客立场的含义包括了解顾客的审美习惯及以顾客的审美习惯来呈现商品。时尚大都市的顾客与安静小城的顾客在选择款式时有很大区别。比如将抽象的和具象的设计对比,生活在大都市里的顾客对逼真的小动物形象不会有太大兴趣,因为这些人在生活中就很少接触除了人类之外的动物;相反,那些亲近大自然,生活在小城市周边的顾客,对一些抽象的动物形象会认为不够逼真。这就是人们审美习惯作用的结果。在评判物品是否有美学价值时,人们会运用自己过去的生活经验和知识去理解商品。当顾客说出一些貌似不懂商品的话时,导购是否应该去纠正呢?这要看这个问题是否会对顾客经验发生影响。如果顾客经验里是那种过去没有多少人会去反驳他的,那么导购的反驳,会产生负面影响。再说另一种情况,如果顾客没有钻石方面的知识,她会对一些基本知识类的交流比较感兴趣;相反,顾客有比较多的钻石知识时,她会对用一些深层次专业术语进行交流感兴趣。这也是顾客的经验积累在决定其的兴趣与审美。

站在顾客立场呈现商品还包括对顾客情绪和情感进行了解。珠宝商品带给顾客两种情绪:"惊"和"喜"。"惊"是对珠宝首饰的惊异、对导购能力的敬佩,"喜"就是珠宝首饰给顾客愉悦、赏心悦目的快感。这两种情绪产生的外因多是导购的引导作用。如在讲解钻石首饰时,有些经典款式过去是皇家所常用,而导购说明这一点时,就有可能引起顾客的惊喜情绪。

【思考与提升】(思考实践题)

站在顾客的立场讲产品,最少包括三个方面的内容。首先,推介说明以购买动机为基础;其次,了解顾客审美习惯,以顾客的兴趣为条件;第三,购买过程中刺激情绪,方便顾客成交。

问题:请列出有关顾客的类型,分析其的购买动机、审美习惯及情绪。

2. 理解顾客认识商品的过程,呈现的重点应按照顾客对商品的认识阶段来进行

珠宝首饰产品的复杂性是购买者短时间内难以逾越的鸿沟。当购买者能理性地去评判商品时,就会另辟蹊径,采用走捷径的方式。当顾客在购买过程这个比较短的时间内无法了解珠宝首饰时,也一样会走捷径。他们采取的方法是:如果感觉这个导购专业,那么就信任这个导购给自己的推介;如果感觉这个导购不太专业,就会拔腿就走。另外,聪明的顾客也会有自己了解商品的方法,他们喜欢到东家听取别人的说法,西家去试一下商品看是否适合自己,他们认为这种方法可以掌握购买的主导权。总结实践可以看到,留不住顾客,是导购还不够专精,即导购的专业性吸引力不足是主要原因之一。

从不明白珠宝首饰的作用到清楚首饰不同的特点可以给佩戴者带来的价值是一个认识过程,顾客对珠宝首饰的认识正是需要经历这个过程。这个过程分为四个阶段。因为顾客的认识阶段不同,故对导购呈现商品的要求是不一样的。这四个阶段顾客的思考方式如下。

(1)完全不懂珠宝首饰的阶段:这个阶段的特点是你讲什么他都听,但顾客不一定相信你说的。只有那些专业而全面的商品说明,能让顾客信任导购,进而才能让顾客愿意与导购交往,加大留住顾客的可能性,也就为实现销售目标打下了基础。

(2)只言片语了解珠宝首饰的阶段:这个阶段的特点是顾客多少有一些珠宝首饰的认识,但不一定顾客的认识是对的,如果导购的说明有理、有据、有激情,顾客就可能会信任他。同时这类顾客已经在与你的竞争对手沟通当中建立了一些选购首饰商品的要求标准,这些选择标准会影响顾客评价导购推介商品的专业性。这个阶段导购要做到提供周到的服务,注重倾听顾客的想法,在适当的时候呈现商品来帮助顾客建立全面的认识。

(3)形成选择首饰标准的阶段:这个阶段的特点是顾客已经可以用自己理解的选购标准来衡量首饰的价值,想要说服顾客不如用顾客的标准帮助他去选购商品。在这个阶段往往是谁占领先机,谁先帮助顾客建立观念,谁就会对顾客购买过程产生最为重要的影响。

(4)顾客开始识别价值的阶段:这个阶段的特点是顾客了解产品的特点,也清楚自己的需要。顾客会综合衡量首饰的价值。所以在这个阶段,导购用顾客的购买标准来呈现商品才是明智的选择。

3.商品呈现表达的内在规律

比如,有一位导购在向顾客推荐一枚款式比较时尚的戒指时,是这么说的:"我感觉这一款是比较时尚的款式,也很简单大方。"这样的推介方法在一些导购的销售行为中经常会出现,而顾客对这些导购站在自己视觉角度的感受性语言,可以说已经没有多少新鲜感了。顾客要的是有吸引力的东西。造成推介语言无力的原因,主要是导购推介产品的词语贫乏和不了解顾客的心理。

解决的方法:理性产生兴趣,感性影响决定。

首先,别把导购自己的感觉当作结果,客观地说明商品就很好。比如戒指圈是宽还是窄,应直接对顾客说。刻意把自己的感觉放到前面,顾客反而不理解。

其次,不要在顾客和导购都能看到的事上花功夫。例如首饰是否铂金打造、钻石真伪等,拿出标签或者证书就能看明白,没有必要多费口舌。

第三,不知道的事不要忽悠。销售珠宝首饰有销售者不懂的知识是很正常的,自己不知道就向顾客说不清楚,可请教店里的行家,千万不要瞎说,制造不正确概念。

运用FAB说明法(见后面讲解)可以很清楚地对商品价值进行呈现,让顾客在理性比较中发现商品对自己真实的好处,这样一种说明方法在顾客购买心理发生兴趣的阶段容易为顾客接受。FAB说明法也是理性加上感性的说明商品价值的方法。

这里有个原理,理性产生兴趣,感性影响决定。例如描述克拉钻石时,数字的运用就有理性和感性两个方面,说如同"鸽子蛋"大小时顾客会产生大钻石感觉,而表述这款首饰的价格是45678元时,顾客感知的是顺利与幸运的代名词。"鸽子蛋"的描述是对钻石大小理性的比喻,会让顾客产生了解的兴趣,"45678"的表达是将冰冷的价格数字感性化,结果则会影响顾客的购买。

4. 正确理解FAB说明法的使用原理

观念决定结果。珠宝首饰导购应时时记住:自己所销售的并不是商品,而是商品给顾客带来的某种利益。引导顾客接受产品是导购的基本任务。当导购面对顾客,进行产品说明与产品利益引导之前,都需要确定客户的需求。把顾客的需求与产品的特性结合起来,尽力去发掘产品能够满足顾客、甚至超出顾客所期望的

利益！

FAB说明法是一种有效的针对不同顾客，发现产品感知利益以满足需求的方法。这种方法将所销售产品的属性特征转化为带给顾客的某种利益，运用产品的属性、优点、利益三者之间的因果关系，充分展示产品吸引和满足顾客需求的利益面。销售行业内又称它为利益销售法。

从FAB说明法在销售行业中的历史来看，过去在IT、家电销售行业中运用比较多。这是因为产品有功能性产品和情感性产品两个特征。

FAB说明法比较适合功能性产品。如：全自动洗衣机的优点是洗衣过程不需要人动手多次操作，对顾客来说可以节省更多做家务的时间，减轻家务负担。像这样的例子在IT、家电等产品说明时大量运用。产品的功能性较强，运用FAB说明法就能够让顾客非常容易理解IT、家电等产品的功能是否对自己有益。

珠宝首饰产品是情感类产品，顾客需求是以情感、情绪为诉求的，那么FAB说明法能否在珠宝销售中运用呢？首先，应该看到珠宝首饰产品是偏重情感的商品，而非纯粹情感类的商品。珠宝首饰产品也具有一定的功能性，如对人体美的修饰功能、对艺术美的表现功能等。其次，情感也会以价值形式出现。在说明情感类的商品时，FAB说明法是一种价值呈现方法，从这个角度来看，FAB说明法同样能够发挥作用。

FAB说明法是一种站在顾客角度思考的方式，销售者通过FAB法分析产品能够很快找到产品的价值点。导购在具体选择销售说明方法时，首先要考虑：顾客需要什么？顾客的需要是销售的出发点、重点，把顾客的需要同销售的商品联系起来，从联系中选择销售点、说服点，并围绕这些关键点构思说辞是导购赢得成功的基本销售技术（例如，在培训中曾鼓励导购写解说词）。

FAB说明法也是一种进行产品说明训练的方式。在运用FAB说明技术之前，建议导购对所销售的商品进行分析，从中找出大量的外部属性。珠宝首饰的外部属性多在造型设计、材质、工艺等方面。用FAB商品说明法来做练习,以增加对FAB技术的理解。

5. 如何用FAB说明法呈现珠宝首饰的好处?

用FAB法思考,用生活语言表达FAB说明法是销售界公认的商品说明方法。要想比较好地运用FAB说明法,就必须了解其在实战中的技巧。FAB说明法就是把商品的价值通过因果逻辑关系来说明,方便顾客对产品的理解。这种逻辑方式可以很方便地实现用既定的句式来表达:"因为它是什么属性(F),这款商品有什么样的优点(A),对顾客来说,它有什么样的好处(B)"。

属性(Feature):"因为它是什么属性(F)",属性是有形、具体的,珠宝首饰的属性主要是描述商品的外部特征,次之是其他功能的载体。FAB说明法的第一步"属性"是用来回答商品"它是什么?"珠宝首饰的属性特征多是指材质、造型、工艺、搭配等方面,是能被人用五觉感知到的。人类五觉是视觉、听觉、触觉、嗅觉、味觉。现在甚至还有五觉产品,除味觉外都可以在珠宝首饰产品种类中找到,甚至还有些专门开发的首饰产品,如"香水钻"等。

优点(Advantage):"这款商品有什么样的优点(A)",是对珠宝首饰优点的说明,说明了商品属性发挥功用的结果。产品的优点往往是商品相互对比后的差异,是一种衡量分析的结果,如"包镶"款首饰的优点是钻石固定更稳定、更牢固。

好处(Benefit):"对顾客来说,它有什么样的好处(B)",是指从顾客的角度来说有什么样的好处。有些书籍也把(Benefit)解释为"利益"。利益点既可以说是顾客的需求,也可以说是顾客购买的要求。讲利益就是告诉顾客,商品将如何满足他们的需求。

示例:爪镶钻石(图2-4)是运用金属爪来固定钻石,它的优点是光线可以从各个角度射进钻石里,对顾客来说,这种爪镶款式的首饰使钻石的火彩显得更璀璨。

图 2-4　四爪镶钻石戒指

这种标准句式在与顾客交流时还需要进行口头语言化修饰，以便更加顺畅地表达。上面例句用口语模式还可以这样表达：爪镶让光线从各个角度射进钻石，使火彩更亮丽。

当掌握了 FAB 说明法时，这种标准句式可以帮助我们快速、准确地组织语言，向顾客推介商品。但是，FAB 法更是一种思考的逻辑方法。在进行大量的练习时用标准句式法可帮助我们寻找发现商品的优势，而在与顾客交流中则必须灵活使用，不必句句都是标准句式。可以多用生活化的语言表述方法，这样才能够使语言丰富多彩，沟通也更富趣味性。

6. 运用 FAB 说明法的要求

(1) 对产品要有足够的熟悉程度。

作为一个优秀的导购，不仅要对首饰产品的造型、价值评价、使用方法、耐用、独特之处以及外部特征等等有详细的认知，而且还需要对生产过程与生产工艺有所了解。顾客在购买产品、特别是购买自己不太熟悉的珠宝首饰时，会习惯性地辨别导购的专业水平。顾客通过沟通，很容易了解到导购是否专业。当顾客发现导购具备珠宝首饰相关知识，并能够有效说明，会认为其是一名合格的导购；当顾客发现导购推介珠宝首饰产品有理有据，能用三言两语就把产品表达清晰时，会认为其是一名优秀导购；当顾客发现导购具备清楚的珠宝首饰购买观念，并可以影响到自己时，会认为导购是一名罕见的专业导购。所以导购只有对产品的每一部分都了解透彻,才能快速根据顾客需求推介产品,运用产品力来满足顾客的需求。

(2)充分运用想象力,充分发挥产品的利益。

产品的利益可影响购买的观点和判定,是根据产品的优点联想、思考而得到的。因为需求的不同,同一产品对不同的人有不同的利益内容。比如一款克拉钻石戒指,对不同的人可以带来不同的利益,追求奢华者认为稀少的大钻石是身份的象征;追求浪漫者则认为大钻石才能代表情感的真挚;对经销商来说,代理好的产品可以获得丰厚的利润和良好的声誉;对于消费者来说,可以通过使用该产品而使需求得到很好满足;对厂家来说,可以获得很好的利润和长期的发展空间。

这些都是产品的利益所在,每一款产品的使用对象不同,利益点就有所差异,需要导购运用想象力,去发现不同顾客的关注利益点。

7. 用"好处B"说明法探询顾客需求

FAB说明法能够说明首饰产品相对应顾客的购买利益范围。如果把这种方法反向来用,是否也有相同的效果呢?对顾客来说,他购买货品理由的逻辑,有时会出现与FAB说明法因果逻辑关系相反的思考过程。比如有些顾客购买前会出现这样的想法:要是有戴上后能让自己气质优雅、品味提升的首饰多好啊,等等。这样一些想法虽然是顾客从产品利益点角度思考的结果,但当我们生硬地询问顾客想买什么样的产品时,顾客往往不愿意直接回答。那么,这是什么原因导致的呢?从产品力呈现的角度来看,出现这种情况是因为顾客对导购信任不够造成的。更有甚者,还有些顾客会认为导购不具备专业的能力,连自己的想法都看不出来,而不愿意与其交流。导购一般是通过顾客试戴首饰时的表情与动作来判断顾客内心的购买需求的。这种运用观察了解顾客关注的聚焦中心,可以说有一定作用,但毕竟是被动的。如果我们转换一下思路,可以在顾客试戴时,运用产品可以带来的好处去说明迎合顾客

的选购思路,并在说明的过程中,通过顾客的反应来判断顾客的购买要求。这样,导购就可以很清楚地了解顾客购买的要求。这种方法是把FAB说明法的B——好处,用来作为探询顾客购买条件的工具。

下面是一则对话案例。

导购说:"现在大家都非常注重款式,你看这个品牌的款式最丰富了。"顾客:"款式是很重要,但是产品质量更重要,特别是钻石,要是钻石掉了那就损失大了。"导购:"对,您对珠宝首饰有专业的想法,选购珠宝首饰一定要选择镶嵌质量好、产品口碑好的,这样的品牌才畅销。我们的品牌很畅销,很多人都指名要这个品牌的产品。""您看这种款式的钻石镶嵌工艺对称细致,每个爪都精心地进行抛光了。"

在这个对话的案例中,导购先用款式多作为该品牌的好处,试探顾客的要求。发现顾客十分注重镶嵌的质量,有些担心首饰会有掉石的危险。导购反应比较快,马上对顾客的想法予以肯定性说明:"镶嵌质量好正是我们这个品牌的优势。"并通过首饰工艺细节呈现让顾客在本品牌的质量方面找到有利证明。这是用先同意顾客的看法并做出附和的沟通方法,很容易拉近了销售者与顾客间的距离,让顾客产生"他和我的看法类似!"的想法。在案例中,反用FAB法获得了不同的作用。在不清楚顾客的购买要求和标准时,就可以用反向顺序的BAF说明法探询顾客需求。

反向顺序的BAF说明法是在不引起顾客反感的前提下,用比较中性的、试探性的问话,迅速捕捉客户需求的方法。有时在顾客不愿说明需求的情况下,可以直接把商品的好处先向顾客说明,以建立顾客的正确商品选购观念,方便顾客做出对自己有利的选择。如"买结婚戒指会收藏很多年的,款式经典就可以保证常戴常新而不过时"这一句是介绍婚戒款式的好处(B),用款式的好处来试探顾客选择款式的需求观念。如果顾客认同,那就可以拿出该经典款婚戒,向顾客说明款式的外部属性和优点。顾客此时会对这个产品的属性(F)开始感兴趣,愿意听导购去分析。顾客愿意听导购的介绍,才会对商品产生信任,也才有进一步沟通的欲望。

以下是另一则对话案例。导购说:"这款最好。使钻石能显示火彩,佩带感觉经典而又大气。"顾客:"哦?这款式钻石是看着很大啊。"导购:"这款能让光线充分地透进钻石内,你看这是爪镶的,小爪把钻石腰部抓着,其他部分都没有包进金属里。"

顾客走进珠宝店,一般不会说"我需要爪镶的""我需要镂空款的"等等这一类与"属性"(F)相关的内容,顾客没有那么专业。大多数顾客会这样描述:"我需要精致一些的。""我希望时尚一些,突出我个性的。"因此,很多顾客的选择是从首饰带来的好处开始的,用BAF反向顺序说明法,可以探询到顾客的需求。

运用反向顺序BAF法探询顾客需求的方法如下。

从"好处"(B)的角度探索清楚顾客的需求是能否与顾客沟通成功的第一步。这当然也是最难的一步,需要导购具有迅速判断顾客类型的能力、瞬间把握顾客心理的能力、灵活应对变化的能力。在这方面比较有效的方法,是通过探索型问题来探测顾客内心比较注重的"好处"(B)在何处。下面列举几种方法供参考。

探询喜好:"我们这里有几个系列新推广款式,这一种是经典款式,不过时的;这一种是立体款式、显大气的,顾客都说挺好看的。请问您喜欢哪种风格的呢?"

探询购买预算:"请问您喜欢什么风格的?是比较独特的,还是简约的?"运用二选一法,创造话题与顾客沟通,"您原来有的首饰是什么样子的?""您想想,就像别人送东西给您一样,您希望别人会选择什么风格的款式?"

探询顾客的沟通方式:顾客一般不喜欢直接回答"买什么价位的啊""您觉得买多大的钻石比较合适"这一类太直白、与价格有关的问题,也不喜欢回答"心理价位""预算"这一类敏感性问题。导购要从侧面了解,比如谈及"设计""风格""色彩"这一类中性温和、看似与销售结果关系不大的话题,一般而言,顾客会从容回答:"简

单一点就可以,实用就好。""结婚戒指买了要戴一辈子呢!"顾客的回答中,会把自己的购买信息传递出来,从诸如"简单""时尚设计"之类的回答中就可以初步判断出其预算和风格,甚至进而了解顾客的心理,从而增进沟通,促进成交。

8.呈现说明商品的综合方法

导购在讲解产品时,如何始终吸引潜在顾客的兴趣和注意力,并且激发其购买欲望,是需要掌握一些技巧的。以下方法供参考。

展示解说法:将珠宝首饰展示在顾客面前,边展示边解说,生动地讲解加上商品本身的魅力,很容易使顾客产生对商品的兴趣,激发购买欲望。

举例说明法:可以举些其他顾客使用首饰的实例,说明首饰具有哪些作用、优点及特点。如不用自己的话说款式新而用其他顾客的话:上午有一个打扮时尚的女士,就是在选来选去后看中了这一款式,还说这款是比较新的款式呢。用其他顾客的话说出来,容易与顾客产生共鸣。要注意的是:这些例话应该是真实的,编的故事可能会有漏洞。

资料证明法:一般顾客在对珠宝首饰产品不了解的情况下,会抱着怀疑的态度,但如果你在讲解时,将珠宝首饰的一些权威资料拿出来,就很容易令顾客信服。运用的工具可以是公司印刷的手册,也可以是权威的时尚杂志等。讲4C时大家一般会有些经验,用4C牌子能比较容易地把4C讲清楚。

顾客参与法:比如,讲到款式不钩挂衣服的优点时,可以请顾客现场使用,亲自验证一下你所讲解的内容,不仅能提高顾客的兴趣和积极性,更会让他们对产品的好处深信不疑。有些珠宝首饰品牌会专门设计一些便于顾客参与的方法,如钻石腰棱上的显微刻字用专用放大镜给顾客看等。顾客参与法的设计在每个不同种类的珠宝中均有不同,在后面款式说明时会进行具体介绍。

9.呈现商品的前提条件是证明顾客选择正确,而不是随意改变顾客的选择

现在是个性化需求越来越明显的消费时代,商家提供的选择也日益丰富。从选择的心理角度来分析,有选择就有商品的分类。营销策略有一个前提是细分市场、设计产品。不论用什么标准去细分市场,目的都是为了满足顾客的个性化需求而制造商品,让顾客认识到这是为其而设计制造的产品。在门店销售时,导购应该首先明确单项产品所针对的购买诉求,了解产品分类的方法。

钻石镶嵌首饰款式的分类方法有很多,有按照功能分的、概念分的、造型特点分的、搭配装饰分的、工艺特点分的等等。不论是哪种分类方法,都要方便顾客理解商品的优势。在顾客理解力方面有很大差别的情况下,如果我们盲目地引导顾客进入专业的分类方法中,只能增加顾客的思考难度。因为顾客对自己需求的也有不确定性,顾客对商品的认识往往也是模糊不清的,他们只认识到珠宝商品有品种上的区别,而对款式的认识一般就停留在粗略的概念上,比如:时尚款式、豪华款式等。

呈现商品的价值要从这些初级的概念开始,而使顾客认识并购买商品,确实有一定难度,但要知道,"顾客不懂"那是导购的技术问题,而不是顾客的问题。销售者需要有负责任的态度,如果出现沟通上的困难就是导购呈现商品的技术不过关,而不能去埋怨顾客不懂珠宝首饰。谁也没有义务去培训顾客,更不能因为顾客不懂或者不清楚原理而去反驳顾客的观点。也正因为顾客对商品款式只是概念式的认识,导购也会有与顾客的认识出现冲突的时候,导购认为这个款式是比较时尚的,而顾客不认同。这时导购的态度就会决定销售的结果。记住一个销售的原则:不要与顾客发生冲突。请注意:我们坚持认为呈现商品的目的是证明顾客的选择是对的,而不是去反驳顾客的错误。

第三章 尊贵的N个理由——钻石镶嵌类款式的呈现

三种组合展示法呈现钻石首饰商品的案例

当顾客全家人一起来购买珠宝时,因为顾客全家每个人的购买观点不同,导致每个人认识产品的特点与价值是不一样的。表现为众说纷纭的形式,但又会有围绕家庭中影响人物的特点。针对家庭购买行为,导购需要赢得的不仅是一个家庭的信任,更要让家庭影响力的中心人物放心地选购首饰。要做到这些,就需要针对顾客家庭每一个人的要求进行商品价值呈现。

【案例】

有一天,某品牌珠宝店里走进来一家人,有五六口人之多,他们随意在柜台前边走边巡视首饰商品。导购忙上前接待,边和这群顾客打招呼边询问需要些什么。这群人中有一位男士(老人的儿子)答了一句"随便看看",而他旁边的女士(老人的女儿)则果断地说明是给母亲选款首饰做生日礼物,还没想好是买钻戒还是买钻石吊坠。

经过初步接触观察分析,导购发现这家人是属于有明确购买需求但购买什么产品不明确型的。想要顺利对这家人销售,首先要帮一家人建立起为老太太选购何种首饰比较合适的观念。既然顾客考虑的是钻石戒指或者吊坠,导购机灵地瞧了瞧老人的手形。老人的手形又粗又大,柜台中很少有如此大圈口的女式戒指。如果为顾客选戒指,就需要修改圈口大小,相当于新买的首饰去维修,通常年纪大的顾客不会接受。这时细心的导购发现老人戴了一条黄金项链,心想钻石吊坠可能比较适合老人戴项链的习惯。如果通过佩戴习惯性的要求来推介,顾客可能会比较容易接受。

于是,导购决定向老太太推介钻石吊坠。导购边推介钻石首饰边说明夏季正好是戴项链的季节,而铂金镶钻的首饰又是如今的流行趋势。这位老人可能对钻石的首饰还不是很了解,一时没有说话。导购忙请老太太先试试看再说,如果觉得不合适再看看其他的。这时老人对导购的推介有了一些认识,同意似地点了点头。

1. 近看展示法

导购拿出一个"怡然"豪华款的吊坠(图3-1),配了一条铂金肖邦链,展示在黑色的首饰道具——"脖子"托架上。导购放置好项链吊坠,就开始向顾客呈现商品:您看看这款叫做豪华款"怡然"的吊坠,是普通"怡然"款吊坠的改进款。这是在钻石吊坠的主钻四周镶嵌十几颗碎钻,是最新款"怡然"豪华款。这款整体效果好,造型是水滴形状的,显得很稳重、气派(介绍"型")。中间有一颗钻石,主钻周围还镶了一圈碎钻。这圈碎钻设计得非常用心,运用微镶工艺,需要很费工才能制作出来。

图3-1 钻石吊坠

中间是钻石组成的水滴形,周围是18K金镂空造型的水滴形(介绍"工")。佩戴起来有豪华感,人也会显得很有精神(介绍"饰")。而且这款式的特点是典雅大方,是那种不会过时的款式(介绍"意")。

而老人的女儿却问:"这款多少钱啊,有证书吗?钻石有多大啊?"针对老太太女儿的提问,导购对首饰的价格和钻石也做了一个呈现说明:这个钻石吊坠现在商场做活动,九五折优惠(对价格做了简单介绍,详细介绍现在还不是时候)。有证书,而且是大家都认可的国家级的检测证书。看证书要看有双A标、防伪标、钢印、签字,这四个是缺一不可的(告诉顾客国检证书的识别方法)。

中间的钻石是9分的,旁边的碎钻合计26分,总共加在一起30多分。同一种款式同一种镶嵌方法,9分钻石和10分钻石的差别是看不出来的,基本没有区别。导购还拿出一款10分的吊坠,放在一起让他们比较(对钻石的大小用比较法进行呈现)。通过这一比较,老太太的儿子、女儿都说真的没有什么区别。

接着导购用体验法呈现钻石款式造型的明亮效果:"您看这款钻坠,从远处看依然显得钻石很大,很夺目、亮丽。钻石与白金的光芒每一个面都是不同的,从各个角度都能体现出钻石的光彩,都能看清钻石的亮度,这款首饰整体效果非常好。(呈现搭配的适合性)您再看看这条花链,光感、动感、粗细都不错,适合您这个年龄佩戴,和这个坠很匹配,有相互辉映的效果。"(再次用比较法让顾客体验款式的修饰效果)导购又拿出一款独钻的吊坠一起放在道具上,把道具往后移了一下说:"您看这一款您就知道哪个效果好。"看得一家人都点头说豪华款好。

2. 佩戴对比法

导购接着呈现商品的佩戴效果:刚才您看到的是戴在道具上的情况,您戴上试试,自己感觉的效果肯定还要好。戴上之后,她们一家人都很认同导购的观点,这个款式的吊坠很漂亮也适合老太太戴。老人的儿子关心多少钱,老太太认为价位有点贵了,舍不得花这么多钱。导购报出价格,同时开始价格呈现:这都是儿女的孝心,再说一年才过一次生日(从儿女心意上呈现商品的"情意")。导购算了算,顾客是属"羊"的,于是赶忙拿出翡翠生肖挂件赠品说:这是我们新来的赠品,正好您属羊,就当我们送您的礼物吧(呈现赠品和导购贴心的关怀,这是导购的心"意"呈现)。

3. 连带销售法

在老太太赞扬导购诚心细心的声音中,女儿赶忙要求开票,同时说自己也一直想买个钻石吊坠,去了好多地方也没看上个合适的,看你介绍得不错,我挺信任你的眼光的,你也帮我选一个吧!

导购拿出一款30分夹镶款吊坠,又开始呈现:您看看这款,钻石完全裸露在外,显钻而且造型时尚(呈现"型")。您试试,正好衬你的皮肤白!这款挺适合您戴的(呈现"饰")。您看下面的白金托是抛光的,很亮,钻石的底下凹槽都是高抛光的(呈现"工")。您再从侧面看,能看到钻石的全貌,把钻石的火彩完全展现出来(呈现"意")。女顾客有点担心夹镶款是否结实。导购开始呈现品牌服务来应对:我们是大品牌,质量、售后服务都是一流的。在全国都有连锁店,终身免费清洗、翻新,比如您哪天摘下项链的时候不小心掉到地上,担心钻石会松,您就拿过来,我们给您做一次专业的固石保养。这个价位也不贵(轻描淡写呈现价格),您看可以吗?您要是不满意,我可以再帮您挑一个。女顾客表示喜欢导购的推荐,要求一起交钱。

回顾案例分析——钻石首饰销售呈现方法的运用

在上述销售案例中,导购抓住顾客的需求,用近看、远看、戴上看三个层次的体验,由浅入深地呈现商品的不同价值,刺激顾客的感受。每次的呈现都以型、饰、意、工、材五个方面为重点,顾客在体会到商品价值的基础上产生强烈的信任感,把导购当成专业顾问,这一点在销售中来之不易。如果导购平时没有做足分析商品的功夫,临场就不可能有这么精彩的表现。

在体验商品中,导购结合展示法、对比法、试戴法的三个层次,一步步地刺激顾客的感官,让首饰去扮演会说话的导购。这三个步骤如果少一步,或者走错一步都会影响顾客的感受,导购胸有成竹才能表现优秀。

所以,导购在闲时可以按照五步呈现法多分析商品,找到每个商品的价值取向,为每款产品建立说明呈现词的档案。平常多流汗,销售不遗憾!在关键时候表现出专业顾问素质,才能赢得顾客信任,争取顾客的购买。

第一节 钻石首饰材质方面的呈现特点与示例

铂金镶嵌钻石款式的独特价值

铂元素符号为Pt。贵金属铂的特点：物理性质，密度21.5克/立方厘米，熔点高达1 755℃，金属光泽强，延展性好，摩氏硬度为4.3。化学性质，耐腐蚀、耐氧化。这些特点是铂金最适合作为珠宝首饰用金的条件之一。把贵金属铂的物理性质与钢铁进行比较，感性分析可以让我们了解到贵金属铂的特点。钢铁的密度比铂金小，同样体积大小的金属铂比钢铁重；铂的熔点比钢铁高许多。铂金作为稀有金属，颜色灰白色，具有两高特点，即市场认可性高，颜色喜爱度高。

铂金(Pt)镶嵌材质主要有两种：分别为标注Pt950，铂的含量为95%；Pt900，铂的含量为90%。Pt900、Pt950是适合用于镶嵌的贵金属，原因有以下几点。

(1)Pt900中含有10%钯、铑等其他贵金属元素；Pt950中含有5%钯、铑等其他贵金属元素；Pt合金中的钯、铑金属不仅使其光泽、硬度和耐用性更好，而且铑、钯与铂都是铂系稀有金属，单位价值相当，合金硬度高，比足铂更适合镶嵌首饰用金。

(2)铂金在自然界稀有，单位价格也较昂贵。与钻石组合制造镶嵌首饰，俗称贵金属之王与宝石之王的两强搭配。

(3)铂金化学性质稳定。作为贵重的珠宝首饰用金属，从颜色稳定角度来看，特别是同白18K金相比更有优势。因为镶嵌首饰的造型复杂，要求维护越简单越好，铂金不变色，可以减少维护方面的成本。

(4)Pt950铂金韧性较强、材质更耐用，较适合做镶嵌首饰。但也有一些不如意的地方，因为强度较高比例合金的白18K金要差一点，所以镶嵌牢度不如白18K金。

铂金材质呈现中的问题处理

有些顾客会问：Pt950 铂金镶嵌的是不是比较软，容易断？镶嵌的宝石会不会容易脱落？

应该说，现在的钻石首饰加工工艺已经十分先进，Pt950 相对增加了材料的硬度。现在用 Pt950 作为镶嵌首饰用金属，具有弹性大的特点，所以一般不会出现镶嵌宝石脱落现象。品牌首饰商品都要经过多道程序的检验合格才允许上柜，而且每款钻石首饰都有国家检验证书。在国家权威部门鉴定的过程中，整个成品的质量和钻石的品质，都要经过严格的检验。当然消费者在钻石饰品的佩戴过程中也应该尽量小心，不要磕碰、拽拉首饰，毕竟这是贵重商品。

白 18K 金镶嵌钻石款式的迷人魅力是从哪里来的？

小知识：白 18K 金：黄金含量 750‰（千分之七百五十），其余 250‰为银、铜、镍、钯等金属。印记为"金 750"、"G18K"、"Au750""白 18K 金"等都符合国家标准。如果标记"白金 18K""18K 白金"就有可能是打铂金的"擦边球"，不符合国家标准要求。K 金的纯度标准为一种理论纯度：以含金量的千分数为 1 000 规定为 24K 金，因此，K 金划分为 24 个黄金含量等级，由 1K 到 24K，每 1K 的含金量为(1 000/24)‰。

白 18K 金适合用于镶嵌宝石的首饰，用白 18K 金镶嵌设计的款式在市场上的占有比例较高，这是因为白 18K 金独具非凡的迷人魅力。

(1)白 18K 金是黄金的一种合金，比较符合中国人对黄金类首饰的消费习惯，它的白色是中国人传统上就比较喜欢的颜色。

(2)白 18K 金硬度适中，延展性较为理想，加工性能好，适宜镶嵌各种宝石。因含有合金成分，材质的硬度、弹性等机械特性都有所改善，首饰成品受力不容易发生变形，能够更牢固地固定钻石。

（3）白18K金镶嵌成品的价格相对其他贵金属要低廉，在总成本中占比较小。这样可以将顾客购买的预算更多地用在钻石上。

（4）白18K金改善了金的硬度，耐磨性更好，不易磨损，日常维护简单。可以整体清洗，长期维护的费用较低。

呈现白18K金钻石镶嵌款式中的问题处理

白18K金首饰能否保证不掉色？

人体排泄出来的汗液、日常家务中接触到的洗涤剂、常见的化妆品中都含有对金属有腐蚀性的化学成分，而这些物质都会导致白18K金饰品表面镀层发生变化，我们在佩戴中都应当尽量避免与各种化学品接触。但任何首饰都免不了会遭受人体排出的汗液的侵蚀，现代K金加工工艺的科技已经比较发达，基本上可以做到让18K金首饰表面在比较长的时间里保持颜色。即使首饰掉色也还可以返厂进行维护，只用经过一道"电白"的表面处理工序就可以了，也用不了多少时间。

时尚的黄色、红色18K金钻石镶嵌首饰

18K金因合金金属成分组成不同，具有多姿多彩的色系。白色18K金是钻石镶嵌类首饰用金的主流颜色，在白色之外还有行业内称为"K黄""K红"的18K金镶嵌首饰。有人认为是时尚的代名词，因为颜色多样，18K金材质（图3-2）给镶嵌首饰带来不同的设计思路。

"本色"是黄、红颜色的18K金材质的特点之一，K黄、K红是合金金属材质本来颜色，不同于有些K白金是通过表面白色镀层达到效果。

钻石镶嵌首饰款式设计一旦加入颜色，就要考虑与中国人肤色、着装习惯、审

图3-2 18K金材质

美特点、钻石颜色级别等因素相匹配。黄皮肤的中国人,肤色的色调、质感与其他人种有很大的不同。首饰设计时如协调或弥补其他色块,能使佩戴者显得更加艳丽动人。否则颜色不协调则会出现相反效果。如肤色偏黄和色调较暗者,就不太适合黄、红K金类的首饰。设计时为了突出颜色的魅力,多以款式造型繁复、线条抽象化为主。镶石则向多种宝石组合方面发展,产生众多多姿多彩的款式。另外,一个突出特点是目前市场上的黄、红K金镶嵌首饰多在体积上比白18K金宽大,以突出颜色形成强烈的线条、色块感觉。

黄、红K金表面的质感对款式设计的影响也比较大。黄、红K金材质表面金属质感较强,但不具有白18K金、铂金那样的闪亮质感。在首饰设计时,多用碎钻配石进行修饰形成闪亮质感。这些碎钻的排列组合又形成了豪华款式,以个性表现来适合消费大众。

过去用K黄、K红作为镶嵌钻石首饰贵金属时,人们会慎之又慎,怕黄色和红色材质对钻石颜色火彩的观感发生影响。甚至过去还用K黄、K红作首饰镶嵌金属来减少偏黄的低品级钻石的观感。当今,迎合审美多极化成为时尚潮流,K黄、K红镶嵌不再用来中和钻石的偏黄色调,而更多地是被时尚款设计选用,所用的钻石颜色包含了从D—N全系列色别。但不论是什么样的钻石级别,K黄、K红对钻石直观感觉的影响还是比较大的,它们会使钻石颜色感到较检测结果偏黄,这是K黄、K红镶嵌钻石首饰在中国人消费时强调钻石品质的情况下,而不能成为消费主流品种的原因。

经过对K黄、K红的18K黄金镶嵌材质的分析,我们可以总结出它的特点与优势。K黄、K红材质镶嵌首饰在呈现时,导购可以向顾客说明其的优势是:颜色与款式时尚、豪华,适合与艳丽服装搭配,首饰色彩持久几个方面。在白色的首饰海洋里,K黄、K红材质镶嵌就如同一棵奇葩,适合那些具有非凡审美眼光,追求时尚设计效果的人士。

如何销售大钻款首饰?

钻石珍贵的原因之一就是稀有罕见,而重量大的就更稀有。一般重1克拉以上的就属大钻,而100克拉以上的特大钻你知道世界上有多少吗?现在已经发现的超过100克拉的钻石只有两千颗而已。可见较大钻石的尊贵价值。

大钻的4C质量几乎是肉眼可见的,顾客购买时对4C质量和均衡感要求也较高。顾客打算购买大钻,即使不懂行,往往也会找个朋友了解一下。所以,遇到购买大钻的顾客,需要比较专业的导购对大钻价值进行说明。

呈现大钻的要点如下。

大钻的4C,除了本身重量占有优势之外,还有其他方面的不同要求。导购必须清楚顾客的购买计划,根据计划均衡地去选择钻石。还需要了解顾客的购买动机:送人还是自己戴,结婚纪念还是显示身份地位或保值、投资。呈现大钻要针对顾客需求和购买动机,同时还要了解顾客是否已经对其他品牌做过了解和对比。这样分析后可以明确顾客的购买要求,即购买的标准是什么。图3-3为菱形钻石吊坠。

图3-3 菱形钻石吊坠

大钻4C的均衡观念:大钻的重量已经证明了稀有性价值,如200吨的矿石中只能产出1克拉的钻石。在钻石切磨当中还会至少损失1/3,1克拉以上的钻石是很稀有的,除了重量的稀有性,还要看净度、颜色、切工的综合指标。在均衡购买时,还要考虑价格。如1克拉的钻石,净度SI的,价格多在20 000元以内;而净度VVS,颜色H以上级别钻石的价格就已经在50 000元以上。两者的价差非常之大。哪一种更适合顾客?需要导购按照顾客的购买动机进行均衡选择,为顾客找到最佳性价比的大钻。

均衡观念买大钻是把顾客的购买预算、购买目的与钻石的级别联系起来,找到最佳性价比的钻石选择计划,用计划去激发顾客的购买热情,体验专业导购的魅力。

如果是以买的钻石重量大为目的:可以选择SI级的钻石,切工选好(good)以上的。这一类的钻石价格相对较低,顾客的购买成本支出少。购买成本支出少对顾客来说意味着少花钱多办事,少花钱多办事并不意味事办得不漂亮。这类大钻石的特点有个说法是眼前一亮。所谓眼前一亮,指的是钻石大,戴这样的首饰有面子,象征尊严;如果是婚饰用,相比那些价格同样的小钻石来说,大钻更能代表用心去抚育的情感。闪耀的钻石因大而尊贵,重量就是价值。

如果是以选择最优的品质为目的:可以在钻石色级净度级别中选择相对较优的。关键是购买这一类钻石不能以成本为计较对象,而应以品质优异为追求。因为这一类钻石是百里挑一,是值得收藏的。而有心追求者也知道大钻难求,好品质的大钻石更难找。买到这类大钻石的特点是满意、得意,可以满足自己的挑剔要求,更可以作为炫耀的资本。选择这类钻石送人,更能突出送人者在获得者心目中的地位尊贵。如果是婚饰,更可以体现对情感的尊重与追求。

(1)型:大钻款式的外形特征明显,超过普通钻石的体积感本身就有显示身份、地位的作用。大钻的外形带着一股霸气,使人充满自信。大钻的款式特征会在设计时围绕大钻石为主体,而有两种很直观的思路。一种思路是选择那些整体造型比较经典的款式,经典款的造型经历数十年而不过时,以有利于大钻长期保有佩戴的价值。还有一种思路是因佩戴环境要求,在一些重要的场合佩戴豪华款,而豪华款造型因为配以众多小钻,造型图案繁复,点线面都既有重点又有规律地组合在一起,就好像是宝石的盛会一样,更能体现顾客在特定环境下卓尔不凡的气质。

(2)饰：大钻不再是去搭配服装或者是迎合化妆的需要，而是像主人在宴请宾客，起到主导个人形象的作用。其他首饰与服装是配角，大钻才是中心。这时可以帮顾客想象在不同场合、不同服装搭配下的佩戴效果，从中找到佩戴大钻款首饰的独有价值。

商务场合：商务正装一般比较保守，难以体现高贵，配上大钻相当于在平凡中有了亮点。可以突出顾客的自信、从容、高贵的气质。

社交场合：佩戴大钻不必看作是为了炫耀财富，因为佩戴大钻往往对拥有者的激励作用更大，在社交当中，更突显拥有者的自信与潇洒。佩戴的心态只要自然平和，能充分显示拥有者的健康、俊朗、雍容华贵、卓尔不凡等个性。

礼仪：戴钻石首饰是对礼仪的尊重，也是现代礼仪的要求之一。没有了珠宝首饰的搭配，礼仪有时也会打折扣。这就如同一个女性一身长裙，把头发高高束起，涂上美丽的指甲油，配上钻戒，则雍容华贵，散发着成熟女性的特殊魅力。如果缺少钻石首饰，难免感觉有一些遗憾，特别是在比较高尚的场合，更会觉得失礼于人。

(3)意：寓意突出大钻的稀有珍贵、保值性。钻石之所以被称为宝石之王，是因为它非常稀少珍贵，而1克拉以上重量的大钻则更是少之又少。买名车、名表，虽然也能显示身份地位，但它毕竟是人工制作出的，是可以再生的，只有钻石是不可以再生的，世间稀有。因此世界上钻石是卖一个少一个，能拥有一颗大钻石，实在是很有远见的一项投资。钻石的价格每年以10%左右的速度增长，因此买钻石与买其他奢侈品不同的是还具有一定的保值作用。

大钻还是幸运的标志，更能吸引人气，吸引众人关注。钻石本身就是幸运石。遇到适合自己要求的大钻，就要一见钟情地努力拥有。

(4)工：大钻的切工可以参照证书上的数据，向顾客说明。看火彩时也可以将钻石拿到低些位置让顾客从钻石上部去判断火彩。大钻的切工等数据多有国外检测机构的证书，这些证书的数据很详尽，通过它们往往很容易对比不同钻石的品质。

除型、饰、意、工之外,还可以突出介绍品牌优势:买贵重的东西当然要找一家可靠的品牌,因为品牌的产品质量更有保证。大钻的镶嵌工艺更高,以牢固为基本要求,多为经典和豪华款式,有时会配合很多碎钻进行款式的烘托表现。碎钻工艺需要导购进行呈现。

如何推介群镶或者碎钻镶嵌款式的豪华价值?

当顾客有两难选择时,是导购推介豪华款时要解决的主要问题。如果顾客喜欢上一款群镶款或配有碎钻的款,但他又觉得应该买独钻才值钱,认为碎钻不值钱,而独钻的款式顾客又觉得太平淡,看不上时,怎么办?

导购可以通过五步法呈现产品价值模式以引导顾客。

(1)钻石制作出的首饰本身就是一件完整的艺术品,它的价值在材、型、饰、意、工五个方面。买首饰不是单纯的买钻石,首饰的价值应该包括它的工艺、款式甚至时代的时尚特点。例如:好莱坞明星在奥斯卡颁奖会上佩戴的钻石首饰许多都是群镶或者碎钻镶嵌款式,这说明群镶款式本身就具有收藏价值。

(2)群镶款与独钻的佩戴效果是截然不同的,两者的装饰效果无法互相取代。群镶钻石(图3-4)的款式艺术性更强,独钻的炫耀性更强。选择的关键是与顾客的追求目标是否一致。平常喜爱

图3-4 群镶豪华款钻戒

艺术,情感丰富的人佩戴独钻款总有一点不自在的地方。相反,喜欢炫耀闪亮的人佩戴群镶碎钻款式也会不自在。顾客的喜好自己最清楚,只要我们说明这个特性,顾客自己就可以用潜意识来选择。

(3)呈现群镶款,首先,看造型的亮点。群镶的款式造型艺术性更强,线条图案也更富于变化,适合表现顾客的修养与见识。第二,看群镶款的修饰效果。钻石首饰是买来戴的,不是用来放在柜子里的。要合理处理好收藏与佩戴之间的关系,不应该忽视它的佩戴和修饰功能,群镶款多是各种花型,如戒指不但让手指看上去饱满而稳重,更可以增加佩戴者的艺术气质。第三,看群镶款的寓意。如钻石与铂金的完美结合,把钻石的永恒和铂金的长久联系起来,寓意纯洁永久的感情与真实的意境。而群镶钻石灿烂若群星,寓意事业顺利。第四,看工艺质量。群镶款的设计与做工都要花费更多的人力与精力,从细节上看每个钻石的镶嵌都如同精心制作的艺术品。群镶使人感觉一片光亮,是一种豪华的气质象征。

(4)群镶款也一样能保值。这是因为这样的艺术款式现在市场上并不多见,而自己把玩也能长久。随着今后人工费用的增长,手工的费用和材料的费用都会越来越贵。保存群镶款保有的是一份艺术。碎钻这两年价格也增长了不少,也是保值性最好的证明。

如何发掘净度低或者色度低钻石款的价值

1.引导顾客了解不同4C标准度的价值

钻石净度值是专业人员在专用设备下观察评判的结果,净度值的高低是根据钻石天然包裹体数量的多少来确定的。日常佩戴的观察与实验室观察不同,生活中没有人拿放大镜追着你看钻石的净度,而珠宝店里大多数的钻石都是SI级以上的,俗称为宝石级。钻石中的天然包裹体是钻石形成过程中保留的天然胎记,它不会影响钻石的美丽和耐久度。而SI级及以上的钻石,肉眼很难看见内含物,反而会使钻石更具特点。用同样的价格可以选择大一些的净度低的钻石,毕竟外形大更能引人注目。一般的购买者对钻石的净度要求可以低些。钻石的色度也是在专门照明条件下,由专业人员用比色石比对来分级的,肉眼观察很难说 H 色度的钻石就比 I—J 色度的钻石色更纯。

2. 为顾客找到购买的特别理由,钻石的大小与切工就是购买理由之一

导购对净度低、颜色差的钻石饰品称为"无级无色"档,这类钻石不是以综合品质取胜,而是以个性指标的突出获得部分顾客的喜爱。买无级无色钻石首饰,对顾客来说意味着放弃部分要求。销售过程中要引导顾客的个性喜好感受,强有力的购买理由是建立顾客信任的基础。每个人内心都是想花小钱办大事的,也即用较少的钱解决更多的事。买无级无色钻石首饰也就是顾客花小钱办大事的一种模式。

无级无色的钻石,切工质量和钻石重量两项是主要卖点。需要从钻石的大小与切工两个方面强调对钻石品质的影响,帮助顾客衡量钱花得是否值得。切工质量是关键的人为影响因素之一,钻石因为切磨加工而美,有了切磨工匠的精确工作,才能创造出钻石美丽的火彩。同时从人力成本的角度来看,今后切工的费用也会随着人工费用增长而增长,这是未来价格增长的趋势。

3. 呈现款式的综合价值

无级无色的钻石首饰销售中更应该注重款式的设计价值介绍。与多数普通款式不同的是,在同样的价格范围内这类钻石的款式可以买到更大的钻石,更大的钻石意味着款式设计能进行更多变化,使设计师有更大的空间可以发挥。比如,用一些小钻石不可能做出来效果的豪华款式,如选择大的钻石则可以做出效果。

首饰款式的造型价值、修饰价值、寓意价值、工艺价值都是顾客购买要考虑的因素。无级无色的钻石强调顾客理性的选择,不求最好,只求最适合。销售时突出顾客"感觉好才是真的好"的感性作用才有利于销售。无级无色的钻石是以购买成本低而著称

的,低成本也为款式在时尚性和个性化营造方面预留空间,时尚与个性本身是随时间变化的,顾客如果考虑以钻石首饰来突出自己时尚性、个性,就需要比较各方面付出的代价。无级无色的钻石是顾客节约成本的好方法之一。

钻石镶嵌工艺有哪些优缺点

在机械原理中,固定圆形物体最稳定的方式是均衡三点定位,多点定位称为过定位,反而不利于稳固。标准圆形切工的钻石,腰棱也是圆形的,只不过因为切磨是手工加工成的圆形,并不是非常标准,所以出现了多种固定方式。钻石首饰镶嵌工艺有很多种,标准圆形钻石基本的镶嵌形态可以分为四种:爪镶、夹镶、包镶、起钉镶。爪镶是三个点以上的多点固定法;夹镶是两点固定法;包镶可以认为是圆周线式固定法;起钉镶多用于小钻镶嵌,属爪镶方式,但因有时多个钻石共享爪钉,所以也作为一种独特的分类。

1. 爪镶

爪镶优点:镶嵌比较牢固,能充分展示钻石形态,光线射出充足,易出火彩,经典而不易过时(比如图3-5六爪皇冠款戒指)。

图3-5 六爪扭臂款戒指

【说明示例】 最经典的钻石镶嵌方法,是用金属爪固定和抓住钻石。其最大优点是能使光线从不同角度进入钻石,从而使宝石显得格外明亮。这种镶嵌工艺制作方便,所需贵金属较少,单个首饰的成本相对较低。爪镶做工也相对简单,多个爪的弹力和抓紧力量能够很安全地镶嵌大的钻石。运用这种镶嵌方式的款式立体感强,符合人们的审美特点。正因为有这些优点,爪型镶嵌的戒指备受女性青睐,成为钻石镶嵌中使用最为普遍的镶嵌方法。但这种镶嵌方式也有小小的不足,因为钻石亭部以上部位暴露程度比别的款式多,因此在佩戴时要注意对钻石的保护,不要磕碰,防止爪脚变形导致钻石松动。

(1)爪的数量所代表的特点如下。

1)六爪镶的特点:这类款式在爪镶类产品中是最经典的,在全世界流行的时间也有数十年了。镶嵌牢固是它的特点,造型幽雅是它的风格,六爪款式显得雍容大方。艺术设计性比较强,使您从不同的角度欣赏首饰都会有丰满立体的感觉。

2)四爪镶的特点:设计风格轻盈时尚,四角相对有一种匀称的美感,四个爪代表稳重,目前在市场上被认为是时尚款式之一。四爪能充分体现钻石的光彩,新潮又耀眼。外形方圆相对,选择四爪镶嵌产品能很好地体现个人的中庸品味。

3)三爪镶的特点:在各种爪镶类型款式当中表现最突出,它符合流线型的设计理念,所以款式线条感很美,具有强烈的时尚感、现代感。三爪镶嵌被认为是大胆的设计,其实是符合机械原理的最稳固定方式。三爪镶线条简洁明了,很容易突显佩戴者的干练个性。

(2)爪镶的爪头造型形状特点如下。

1)细圆形爪:是设计中用得比较多的一种类型,能很好地体现钻石形态。细圆爪头造型效果细腻,能修饰出佩戴者的秀气感。钻石外的爪头形成小圆形反光面,延伸钻石的光芒而不喧宾夺主,从各种角度观看都不刺眼,观感会觉得很舒服,适合与精致的服饰搭配。

2)大圆形爪:爪面金属反光耀眼,造型圆润丰满。突出闪耀感,使首饰看起来更加大气。让人感觉钻石比较大,有一种厚重的

美感。

3）马眼形爪：使首饰显得更富有灵活性，造型的变化不会显得太呆板，灵气中更显艺术气质。

4）三角形爪：三角形使首饰看起来时尚、个性；三角爪独一无二，同时也不失典雅。在造型设计中一般认为三角形是最美的，也是用得最多的图形形式。

5）心形爪：心形代表了浪漫的情感，适合于赠送情人；是常见的爪型，典雅、灵气，更有情感涵义。

2. 夹镶

优点：平滑、简洁，因为是用两点固定法，少了多余固定点的拖累，放开了设计师的思路，款式都富于变化。夹镶的缺点：感觉上不够牢固。

夹镶又称逼镶或壁镶（图3-6），变形较多，如还有槽镶、轨道镶。夹镶是在镶口侧边车出槽位，将宝石放进槽位中，并打压牢固的一种镶嵌方法，适合镶嵌相同腰圆直径的钻石。在高档首饰的副石镶嵌时常用此方法，时尚流行的款式单钻也常采用这种方法。另外，方形、梯形钻石用槽镶方法来镶嵌的效果极佳。

图3-6　夹镶镂空臂戒指

两点固定法的夹镶方式中还包括错镶、悬镶等款式，这主要是指固定点的位置不同。错镶款特点：款式显得新颖别致、优美并时尚感强，与爪镶、包镶相比，显得更随意、更休闲、更有个性。悬镶是指镶嵌钻石时，金属将钻石支起，钻石的腰部和底尖不与金属接触。悬镶是镶嵌工艺中具有较高难度水平的工艺,能更好地体现钻石的火彩和亮度,是上下夹持住钻石的方式。

夹镶款在独钻镶嵌中运用的造型较多,而造型多有较厚实的贵金属作为支撑夹护。这种特点给人以金属厚重的感觉,适合小分数段的钻石镶嵌。款式的立体感一般以金属的形状来塑造,钻石的形态则从两侧面很好地展现出来。

夹镶款中支撑夹护的金属形态变化比较多,在戒指中有错臂、扭臂、镂空臂等形态,在吊坠中造型的施展空间较大,能得到很好地表现。

3. 包镶

优点:平滑,款式稳重,显钻,镶嵌牢度较好。钻石与所包金属的整体感强,首饰显得较大,体现钻石内敛、含蓄、不张扬,不用担心首饰钩到衣服织物。包镶的缺点:款式稍显笨重,不够灵活。

包镶是用金属边把钻石的腰部以下全封在金属托(架)之内,用贵金属的坚固性防止钻石脱落。这是一种比较牢固和传统的镶嵌方式,它使钻石的光彩内敛,有平和端庄的气质,而且显得钻石大,这是因为金属的光泽与钻石的光泽交会到一起,使钻石看起来很大。这种镶嵌方式是永恒经典的圆形底座,可通过钻石与金属的光泽差异将人们的目光吸引到钻石上(图3-7)。

图3-7 包镶戒指

(1)全包镶呈现重点:整体感强,首饰面显大,稳固,视觉上简洁明了,没有累赘。钻石内敛、含蓄、不张扬,不用担心钩到东西。

包镶款天然有一种神秘感,比较适合喜欢内秀的顾客选择。男性款式因为运动力量较大,用包镶的为多。

(2)半包镶呈现重点:具有显钻(包镶首饰显大)、含蓄,兼有不钩挂衣服和东西的特点,同时由于加上了半包镶变化,在简洁中多了一些时尚。

4. 起钉镶(微镶)

起钉镶(微镶、钉板镶、密钉镶)的优点:豪华感,多用于小钻镶嵌;可塑造各种豪华的只用于小钻的时尚款式。起钉镶(钉板镶)的缺点:不如其他方式牢固。

起钉镶有各种变形款式,构造复杂,但是观感精细别致,做工考究。小小的金属钉爪抓住每一颗宝石,与首饰成为完整的底座。群镶最大的特点是用事先做好的钉状小爪,将很多钻石同时镶嵌,钻石之间会有共享共用的爪。多用于群镶中副石的镶嵌,其排列分布多种多样。常见的有线形排列、面形排列等。依据钉的多少又分为两钉镶、三钉镶、四钉镶和密钉镶,许多豪华款式均运用密钉镶(图3-8)。

图3-8 密钉镶戒指

【钻石首饰不同镶嵌方式的FAB说明法示例】

包镶:是包住钻石整个腰棱的一种固定钻石的方法(属性F)。其优点是稳固结实,钻石不容易因佩戴而松动(优点A),佩带者不用担心钻石会脱落(好处B);包镶的首饰表面光滑平整(优点A),也不易钩挂衣物表面纤维(好处B)。

爪镶：是运用多个金属爪的力量紧紧抓住钻石腰棱的固定方法(属性F)。爪的间隙可以让光线从周围射进钻石里(优点A)，更容易使钻石显示火彩(好处B)；爪镶能够突出主钻石的立体感(优点A)，首饰风格经典大方(好处B)。

夹镶：是用金属在钻石腰棱两边夹压稳固钻石的镶嵌方式(属性F)。能让光线从两侧射进钻石内(优点A)，首饰更加闪烁亮丽(好处B)。因为钻石固定方式简化，能够方便地设计出不同风格的款式(优点A)，使夹镶类款式比其他镶嵌方式有更多的变化(好处B)。

起钉镶：是用钉状小爪将钻石固定在金属表面的方式(属性F)，钉镶的爪很小，形成多个亮面，适合于将多颗碎钻镶嵌在小小的首饰上(优点A)，碎钻与钉爪形成闪亮的光群，使得首饰款式高贵优雅(好处B)。

槽镶：是在首饰上开出一道金属直槽，将钻石排成一行，夹压在金属槽里的固定方式(属性F)，它的优点是钻石排列整齐，而且钻石大小一致、品质相同(优点A)，代表一心一意的寓意(好处B)。

了解钻石价格组成，理性分析钻石的价值

呈现钻石的价格对每个导购都是难题。便宜好还是品质好，其实是帮助顾客综合衡量选择的过程。专业的导购会利用价格说明的机会来帮顾客做购买规划。熟悉4C标准影响定价原则，对正确呈现钻石的价格特点会有所帮助。俗称"吃不穷、穿不穷，计划不到终身穷"，购买钻石也要计算好。这种计算是一种提供购买计划的方式，是在顾客购买额度内进行多种品质因素的最佳组合。

国际公认钻石的价格主要是以钻石达到的4C标准来衡量，在评估一枚钻石价格时，其中重量因素约占40%～60%；净度因素约占15%～25%；颜色因素约占15%～20%；切工因素约占总价的20%～35%。

(1)重量：钻石价格中的重量因素是分级来计价的，例如18分～22分为20分级，23～27分为25分级，每个级差之间每克拉相差

数千到万元不等,越是大分数段的钻石级别之间的价差越大。22分与23分之间,虽然只差0.01克拉,但价格则有一个级别之差,单颗差价可能达到数百元。而18分与19分在一个级别内,价格则是相同的。

(2)净度:净度分为五个级别。净度级别导致的价格差异在小分数段钻石中为每级10%~15%,大钻有时还会更多。即VVS、VS、SI之间平均每克拉相差有数千元,比如同样21分重量的钻石,VVS净度要比VS净度最少要高出数百元。

(3)颜色:国家标准钻石颜色分为D-N共11个等级,N色以下统称小于N。每个等级之间形成的价差也在10%左右。

(4)切工:切工占钻石总价的20%~35%。因为切工的好坏影响"火彩"的程度,不同切工之间又有一定的差价。国家检测标准中的钻石切工评价只分为三档:一般,好,很好。目前,国家检测机构所出证书中没有极好(EXCELLENT)这一档。而国外证书一般多分为五档:POOR(差),FAIR(一般),GOOD(好),VERYGOOD(很好),EXCELLENT(极好)。如果顾客说想要3E切工的钻石,那么一定是按国外鉴定机构(GIA、IGI等)标准检测的。

如何通过呈现钻石首饰的价值来避免打折要求?

我们通过一个案例来说明。

【案例】

在一次销售当中,顾客已经对导购推介的商品有了兴趣,但还想问一些问题:"你们打几折?哪里的证书?"导购一看顾客还挺内行的。就说"××珠宝是一家专做钻石品牌的零售公司,定价特实惠,我们不打折,证书是国检的,是最具有权威性的检测机构之一,您看看它的详细检测结果就知道钻石品质如何了。"导购很快找出证书介绍:"钻石颜色是F-G色,净度级别是VVS,您再看它的切工级别是很好级以上,57个面标准圆型比利时切工,切工如果不好光线就漏下去了,这枚钻戒折射光好,证明它切工好,火彩好。这是技术人员的亲手签字,还有国家检测机构的钢印,都是负法律责任的。"

导购开始呈现商品:"您看这款是心形造型款式,主钻的心形包边上还镶有很多配钻,看上去更加光芒四射,非常漂亮,是豪华款式。""戒臂采用喷砂工艺,在全部喷砂的戒臂两边留有细细的抛光边,显得很别致,同时也突出主体造型,钻石显得更亮。这款适宜像您这样有气质的人佩戴。大家都说喜欢复杂款式的人是特别有女人味的人,也是追求个性的人,您看这造型就是独特,与众不同。""您的手形稍微富贵一些,而且肤色较白,搭配明亮款式更能衬托出皮肤白得好看。这款也是属于很能引人注目的款式,买过的顾客都说一旦喜欢上这款就很难再接受那些简单的款式。您首先觉得这个款式比较适合您是吗?"

"买钻石首饰不是买折扣,商品好才行,您说是吗?每个品牌都有自己的价格策略,××珠宝的'一口价'就是要让消费者明明白白消费,给顾客实实在在的价格。"这句话说明了三个"卖点",一是钻石品质,二是款式价值,三是品牌信任价值。

通过呈现商品的价值来避免打折

提起打折,就让导购头疼。但是有行话讲,买家没有卖家精,特别是有些品牌天天打折,把打折当作一个推销手段。可无论怎么打折,商家还是要赚钱的。在一般人看来,打折的商品要么是积压商品要么是换季商品或其质量等可能有点问题。

品牌忠诚并不是消费者自发产生的,它需要诱因,而这些诱因即来自品牌本身。只有品牌产品才会首先急消费者所急,想消费者所想,坚持不懈地为消费者提供优质的商品、服务、环境,品牌向消费者投之以李,消费者才会报之以桃,并最终产生品牌忠诚,带来销售额的稳步提高。

打折对于消费者而言只具有招揽吸引作用,但对于消费者的最终购买行为并不能产生很大的影响。消费者最终的购买行为还

要受到质量、价格、款式、品牌和售后服务等方面的影响。要想真正地提升销售额,门店还得依据消费者的消费心理,将经营着重点放在这些方面。

如果导购在这里能够比较专业地将商品的价值呈现出来,把服务及售后服务的价值呈现出来,顾客还是愿意选择高品质、好售后、适合自己要求的商品。

第二节 不同品类钻石首饰的呈现

如何通过说明款式来激发顾客的兴趣?

【推荐克拉钻的案例】

一般上午顾客比较少,一对年轻男女来到珠宝柜台区引起了各品牌导购的关注。他们从吊坠区转到了戒指区。导购立刻跟他们打招呼。当时他们并没有回应,只是眼睛不停地盯着柜台里的商品。经过询问,女顾客随口答了一句:"我们想看看50分以上的婚戒。"导购从顾客的话里感觉这是一对比较专业的顾客,清楚地知道钻石的重量计量单位,这应该是有明确需求的顾客。导购立刻用手势指引他们来到主展台,对顾客说明这里是半克拉以上的首饰区域。同时拿出一款50分的时尚款钻戒对女顾客说:"小姐,买首饰要多对比再挑适合自己的,您试一下看这款戒指怎样?"女顾客问陪同来的男友:"这一款怎么样?"男顾客:"不太好,是不是有点显小?"

导购这时再次根据顾客的语气得到信息判断,他们买钻戒肯定是准备结婚用,并且真有购买力,可能想买一个大的钻戒,于是决定向他们推荐克拉钻。导购马上推荐到:"先生,我们店里正好有一枚克拉钻戒,是这次来巡展的,全国只有100枚,非常珍贵稀有,并配有美国GIA证书。对于结婚戒指,一定是非常好的选择,小姐可以试戴一下。"导购给女士戴上了,男士的眼睛好像一亮,目光集中在这枚戒指上。男顾客连问女士觉得怎么样,女顾客随意答到:"挺好的"。

导购不失时机地介绍:"这一款是非常经典的款式。先生您真有眼光,这款是六爪皇冠款。你看六个圆形的爪,造型立体感非常强,线条像皇冠一样,也叫皇室镶。六个爪就像紧握爱情的手,把钻石牢牢地握住,寓意热恋男女终生的幸福和安全感。在婚礼上有个戴戒指的流程,大型婚礼戴的戒指一定要明显,要不大家都看不清是否戴了钻石戒指,这款皇冠款比较适合婚纱礼服,可搭配出欧化的美感。看你们俩人缘一定好,到时请的客人不会少吧?钻石大而且款式经典,大家一眼就可以看出钻石的火彩和你们的感情及尊贵。"男顾客表现出明显的兴趣,说明这几句呈现商品价值的话对男顾客起了作用。导购又将钻石的4C标准、品牌的情况以及完善的售后服务一一介绍,导购见顾客心动,知道这笔生意有戏了。

呈现珠宝首饰的价值要从型、饰、工、意等几个方面入手,综合体现首饰的产品力,这样才能让顾客产生兴趣。在这个案例当中,导购想推介的是一枚克拉钻的戒指,这类顾客的兴趣是否能刺激起来是销售能否达成的关键。在这个时候,如果你只考虑商品的卖点是不足以激发顾客的兴趣的,所以讲珠宝首饰不能像产品解说员似的自说自话,而要注意结合顾客的背景、情景和意境。

在这一案例中,导购将男顾客兴趣激发起来,就是结合了顾客的背景、情景和意境,从型、饰、工、意四个方面去打动顾客。

意境:你看六个圆形的爪,造型立体感非常强,线条像皇冠一样,也叫皇室镶。(型)

情景:在婚礼上有个戴戒指的流程,大型婚礼戴的戒指一定要明显。这款皇冠款比较适合婚纱礼服。(饰)

背景:看你们俩人缘一定好,到时请的客人不会少吧?钻石大而且款式经典,大家一眼就可以看出钻石的火彩和你们的感情及尊贵。(意)

情境:六个爪就像紧握爱情的手,把钻石牢牢地握住,寓意热

恋男女终生的幸福和安全感。(从工艺到情意)

这些话句句讲的是重点特性,与顾客的想象结合起来,一款产品就呈现得有血有肉,导购的介绍清晰地针对顾客的购买动机并在呈现时注意与顾客的情感体验结合起来,使"意"包括了"意境""情景""背景""情境"。

了解戒指的各部位名称进行商品呈现

钻石女戒商品说明的特点如下。

前面已经对材质专门做了说明,这里主要从型、饰、意、工四个方面来说明呈现时的正确方向。

(1)钻石镶嵌女戒款"型"方面的特点如下。

女戒的造型丰富,在呈现女戒时应注重顾客对美的欣赏特点。多数消费者喜欢的造型特点表现在以下几个方面。

1)整体的要求:端庄大方的特点适合表现顾客体貌的美丽,款式应保持均衡对称(图3-9)的感觉。不能有怪异的效果,怪异的效果不具有长期保持的美感。

图3-9 钻石戒指的各部位名称

2)点、线、面的特点:造型的线条应该简洁明快,圆弧过渡自然而不仓促。这样的好处是戒指戴在手上感觉好,能体现手指的纤长。

3)钻石的位置:镶石的位置可以给人两种感觉:一种是立体感强的突出感觉,一种是平面铺张豪华感。

4)花型图案:花型多用简洁图案,流畅花型通过设计师的合理布局体现女戒的秀美大方。

(2)钻石镶嵌女戒"饰"方面对人的体貌特征的修饰作用如下。

1)手指丰满修长的人:戒指的选择范围较广,限制也较少,戒圈或宽或窄的款式都适合,其佩戴主要和环境服装相宜即可。简洁的造型设计更能将手指衬托得恰到好处。经典传统的四爪、六爪设计,会让手形更显高贵雍容,与自身手形相得益彰。

2)相对瘦小的手形,戒臂选择不应过宽。应在简单中选尽量多的变化样式,结构较为复杂的戒指可以突出时尚感。款式花纹顺着手指纵向排列的款式会产生拉长手指的效果。

3)手指粗短且较丰满的人:不应戴较窄戒圈的戒指,中等宽度的戒指能使手指显得更细长、更秀美。"花托"过大的戒指则会夸显手指的粗糙质感,让手指看起来像男人的手。立体造型款式能增加手指的整体平衡感,并使手指显得修长而富有气度。镂空的立体款式使佩戴它的女士娇艳得像一朵盛开的玫瑰花。

4)手指较瘦而长的人:切忌戴大的、棱角分明的戒指。圆形、窄戒圈、白色戒指是最好的选择。戒臂有变化的纤细花型戒指,不但让手指看上去饱满而稳重,更可以增加佩戴者高贵的气质。选择爪镶、经典单钻款的观感立体感强,不仅增添了女性的高雅,更多了一份柔美。

5)一些希望突出自己干练风格的女性,戴一些棱角分明、几何形态清晰、线条简单的镶嵌宝石戒指也会有很好的效果。佩戴圆形宽幅的豪华款戒指能在视觉上掩盖较粗壮的手指,使手指比原来显得要纤细一些。包镶设计的款式会显得奢华富贵。

(3)钻石镶嵌女戒"意"方面寓意与文化特点。

1)很多品牌的戒指都会以主题的形式推出,把主题表达出来,就是首饰情感的意境呈现。

2)与花型图案联系起来呈现意境。比如近两年流行的中国风,就是运用传统吉祥图案变形而来的。

3)婚戒是主要销售首饰,可以与钻石的永恒、铂金的长久联系起来,表达纯洁永久的意境。

4)即使是最简单的钻石戒指也不能忽视钻石是幸运石的寓意的介绍。

(4)钻石镶嵌女戒制作工艺方面的特点。

钻石镶嵌女戒的表面工艺主要有几种:光面、砂面等,制造工艺主要分为模铸款、机加工、手工款等。主要的镶嵌工艺前文已有表述,这里不再重复。

1)光面又称"光身",指戒臂经过抛光或者"电白"等工艺处理,光面的优点是光亮炫目,能保持戒指的吸引力,也比较容易维护。

2)砂面,就是戒臂表面全部或者部分经过亚光处理。砂面的优点是质感较强,能表现出佩戴者气质的含蓄、内敛,部分"砂面"还更能衬托"光面"部分的明亮。砂面加工方式有"磨砂""喷砂""拉砂""钉砂"等,加工方式不同会产生不同质感层次。

3)模铸工艺,是用模具铸造方式加工首饰贵金属部分的制造工艺。目前大多数首饰都是用模铸方式制造的。模铸工艺的优点是首饰制造精细,成品美观,款式更新快,人为影响因素较少。比如可以很容易地实现"镂空"设计。镂空是指戒臂的线条设计时专门留下的一些空隙,优点是线条变化较大,用金量比较少,戴在手上能产生衬白皮肤的效果。

4)机加工工艺,是指用机器切削方式制造首饰的工艺。目前在镶嵌类首饰中占比很少,主要是在一些圈戒上运用。比如有些公司制造的双色金对戒,就是分别用机器加工成两个不同颜色、大小的圆形戒圈,再用压力机将两个戒圈压合,形成漂亮的双色金钻石对戒。这种制造工艺要求高,耗金多,成品精美,市场上比较罕见。

5)手工工艺。目前在市场中占有一定的份额,但因为加工费用较高,市场占有程度有限。手工款不能理解为全手工敲打出来的首饰,在制造时也多用雕蜡、模铸、抛光等工艺。目前大家所称的手工款主要是指小批量生产、加工制造流程以手工为主的制造工艺。比如在单款首饰上大量镶碎钻时基本是用手工方式,镶碎钻是指在主钻周围镶嵌比较多、有规则排列的细小钻石,优点是给人感觉一片闪亮,多石组合起来还可以造成大钻的感觉,是一种豪华气质的象征。

【钻石女戒款式呈现示例】

"铭记"女戒如图3-10所示。

图3-10 "铭记"女戒

型:这款采用旋转概念的线条,层层递进的造型,满足立体视觉效果的欲望,戒臂造型设计突显出舞动的韵味。

双层流线型的扭旋戒臂设计,满足了时尚情侣追求经典的视觉效果,这个款式的曲线别致简约,整体造型新奇独特。

采用独特的三角爪镶设计、流线型的设计,如行云流水般畅快,经典、时尚,令人爱不释手。

饰:经典六爪款是结婚钻戒的首选,钻石的嵌入营造了经典的感觉氛围。这种唯美款式是女性的挚爱,适合于追求休闲品位的顾客。

工:运用的是三角形爪头,六爪镶嵌镂空双层戒臂钻戒,嵌入式六爪镶嵌工艺,非常稳定,不易掉石。六爪镶嵌犹如一股安全的力量保护钻石稳固。钻石的火彩与铂金的流光相互闪耀。

意:戒臂上舒展的线条,如牵住彼此的手、握着彼此的爱。寓意爱情如钻石般牢固,一生铭记;独特的款式如浪漫青年特立独行的个性,表达出要拥有你的心愿。

运用五步说明法呈现钻石男戒的买点

男戒的材质运用、工艺特点与女戒基本相同,但在呈现时要更加突出其符合男性的特征。

(1)呈现钻石镶嵌男戒款(图3-11)"型"方面的特点。

图3-11 钻石男戒

1)整体的要求:钻石男戒会通过简约的设计体现男性的阳刚之气,协调对称是男戒设计不变的主题,能充分表达阳刚之气,整体宽大显示出青年男子粗犷、好动和无拘无束的潇洒风度。

2)线条的特点:多用直线条体现男性简练的生活习惯,明快的线条短促有力是男性号召力的象征。

3)花型图案:多为简洁的几何图形或者变形,方形比较多,图案的边角过渡要求很自然,但少有流线,这样可以避免修饰的女性化,又体现男戒的大方得体。

4)钻石的位置:独钻款的立体感相对要求较低,突出男戒以宽大面示人的特点,钻石的位置扁平宽大化,与戒臂厚度差较小,有利于表现男性的工作特点。

(2)呈现钻石镶嵌男戒款"饰"方面的特点。

1)对于手指上下一般粗而又比较长的人,平滑方正的图案能体现阳刚气质。

2)对细长手指的人,设计夸张的立体效果戒指能令手指不会显得太单薄,图案的变化会带来非同一般的气质感觉。

3)对于短手指的人:选配中等大小的戒指比较适合高雅的气质,蛇肚戒臂等是比较好的选择。

4)对于骨结宽大手形的人,因为骨结较大,佩戴的戒指不适合戒臂过窄的,宽戒臂的戒指比较不易脱落。可选择戒臂是圆形而且刻有花纹的,或者选择戒臂扭绳状的指环。

(3)呈现钻石镶嵌男戒款"意"方面的特点。

1)个性坚强并希望体现自己权威性的男性,如果佩戴方形、戒圈较宽的镶嵌钻石戒指,寓意方正、有个性的气质取向。

2)希望体现细腻质感个性的人群,选择的款式要粗重,有棱有角的款式更能体现男性的质感。

3)男性的艺术气质,可以用首饰图案变化的美来衬托,光面与磨砂面交替的款式表面图形变化效果明显,具有现代艺术气质感。

4)男性首饰的重要运用环境是商业环境,在这种环境中需要塑造商业气质才能为同行接受。对于商业气质,风格性的设计能体现佩戴者的品味,钻石大而贵金属线条简单明快的款式是商务人士的首选。

(4)呈现钻石镶嵌男戒款"工"方面的特点。

钻石镶嵌男戒制造工艺与女戒基本相同,只是工艺运用方式上有些个性的特点。

1)光面,男戒一般用线条来分割光面,组成不同的闪亮块状效果,这样处理光面,优点是块状光亮斑驳陆离,好处是能保持光亮但又不炫目,是含蓄气质者所珍爱的。

2)砂面,男戒上运用较多,代表气质的含蓄、内敛。全身磨砂款更能体现不张扬的奢华个性。

3)群镶碎钻,男戒是奢华的产物,在运用群镶方式时,以豪华作为气质象征。

4)镂空,男戒的镂空一般为几何形状空隙,优点是线条明快,戴在手上能产生艺术感的效果。

【小知识】

戒指在戴法上也很有讲究,它不仅是一种装饰品,而且戴在哪个手指上,表示的含义也不同。一般,戴在食指上表示求婚;戴在中指上表示已在恋爱中;戴在无名指上表示已订婚或结婚;戴在小指上则表示独身;如果婚后两种戒指同时戴,结婚戒指应靠近手掌处,订婚戒指戴在外层靠近指尖处。大拇指一般不戴戒指。大多数人的戒指都戴在左手上。由于风俗和习惯,这种戴法已为世人所接受。戒指不可乱戴,以免造成误会。

强调情感独特性呈现钻石情侣戒的价值

情侣戒(图 3-12)以适合男女两人为目标,顾客能选到一对正好适合的对戒并不容易,也正因为过程难得,可视为一种缘分。并且钻石情侣戒制造时,同一批数量不会制造太多,这样可以满足顾客的独特性要求。

图 3-12 情侣戒

(1)钻石镶嵌情侣戒款"型"方面的特点。

情侣戒的造型一般变化不会太多,以镶嵌小钻为主。

1)整体的要求:款式设计中性化,以同时适合两人。多数情况下条戒包镶款式能比较好地适合两人同时佩戴。

2)线条的特点:线条简单,横平竖直,运用中规中矩的线条更能表现持久的情感。

3)花型图案:平面的花饰能比较对称地表现情感的协调性,运用简单的字符(如LOVE)直接表达爱情。

4)钻石的位置:运用小钻较多,不需要立体感,钻石镶嵌方式和位置强调安全性牢固的设计,给双方营造安全感。

(2)钻石镶嵌情侣戒款"饰"方面的特点。

1)情侣戒是一种约束性的首饰,要求男女同款,样式简单,适合情侣平常同时佩戴。

2)选择适当的造型,既可以体现两人的品味,又能搭配手型。

(3)呈现钻石镶嵌情侣戒款"意"方面的特点。

情侣戒的功能只用在爱情的表达中,用图案花型代表爱情的寓意。

1)字符,体现爱情的直白、强烈。如"LOVE""爱"等字符,有时还用法文、拉丁文。

2)对称图案,象征平等,同等重要,同样付出。

3)交错图案,是相互融合的表示,寓意不离不弃,天作之合。

4)贯穿线条,代表爱神的箭,寓意情缘天定,佳偶天成。

(4)钻石镶嵌情侣戒款"工"方面的特点。

1)光面,多选光面来吸引众人目光,有一种向世人宣誓自己情感的意味。

2)磨砂,能够更好地体现所镶嵌碎钻的明亮,这类款式比较适合性格不张扬的人。

3)排镶碎钻,多颗碎钻直线排列镶嵌的方式,在情侣戒中能比较好地排列出图案,体现豪华风格。

4)镂空,在情侣戒中用均衡的镂空来体现品味,用简单的线状镂空表达出唯一的爱情选择。

5)双色金,两种颜色18K金形成图案,双色金的出现给情侣戒带来多变的风格,这正是中国文化中异性相吸、相结合的完美表达。

【情侣戒的商品呈现示例】

如图 3-13 所示。

型：圆钻方底图案，如同智圆行方的含意，凸现朴实形状的精华。中国风的设计风格，戒臂似一座云中桥，情系恋人的婉约爱情。两种颜色大胆运用，在戒臂上面形成婉

图 3-13 双色金情侣戒

转的玫瑰色迷宫线条，有爱情的神秘感。突破传统的设计理念，金属线条干净流畅。

饰：适合现代知性的男女审美观。时尚的双色金，可以方便地搭配休闲、运动时装。喷砂工艺和彩金的时尚结合体现现代的摩登气息。

工：18K 金精工雕琢独有的纹饰，稳固的钻石镶嵌方式。迷人的亚光，彰显魅力。玫瑰金和喷砂的工艺，使得整个戒指色泽温润而内敛。真分色双色金工艺不易掉色，适合持久收藏。

意：爱就如桥一般跨越两心，只有爱情才能有如此魅力。情到深处自不言语，唯有用钻石戒指去圈住一生幸福。桥的汉代云纹图案，传古喻今，寓意恒久的爱情。

点、线、面结合呈现多姿多彩的钻石吊坠、链牌款式特征

钻石镶嵌的吊坠链牌款式较多，是女性选择比较多的首饰。

(1) 钻石镶嵌吊坠、链牌款"型"方面的特点。

1) 整体的造型特点要求：立体感强的造型好处是突出吊坠的多变特点，比例协调的造型更适合在胸前中心位置佩戴。整体对称型的好处是协调美；而整体不对称造型的好处是个性化，显得年轻俏丽和与众不同。

2) 线条图形的特点：有流线型、几何型、抽象型等。流线型的吊坠特点是钻石与线条相互交织在一起，相互联系又可以相互呼应；几何型的一般不太张扬，体现简约的个性；抽象型的线条显得

大气。

3)花型图案:吊坠的花型图案可以有很多发挥的空间,流行的花型占主导地位,每年都会有一些变化。每一种花型都有一定寓意,每一种图案都表达不同的性格特点。

4)钻石的位置:钻石位置多变,设计时一般从构图要求出发,合理定位才能体现吊坠的整体美感。例如,把钻石位置设计在中间时,代表向心力(图3-14);设计在边缘四周的代表性格张力。

(2)钻石镶嵌吊坠、链牌款"饰"方面的特点。

1)轻盈的吊坠款型在夏季穿着服饰简单时佩戴最多,而粗大的链牌适合冬季穿着高领衣物时搭配。

2)中等及以上大小的吊坠适合体貌宽大的人群选择。选择的原则是形状避免重复顾客的脸形,也不可与脸形极端相反。

3)方脸:那些流线型设计的好处是有助于增加脸部的长度及缓和脸部的角度,例如长椭圆形、弯月形、新叶形、单片花瓣形等。选长于锁骨的项链,会在胸前形成V字形优美的弧形,可以平衡较宽的脸部线条。

图3-14 新叶形吊坠

4)长脸:选具有"圆效果"的项链与吊坠的好处是使佩戴者下脸部显得圆滑,选择配链的长度以不超过锁骨为准则。

5)正三角形脸:水滴形的吊坠比较适合,水滴形吊坠会将顾客雍容典雅的气质衬托得淋漓尽致。

6)瓜子脸,属最美脸形。适合多种造型吊坠,只要与服装搭配就可以。

7)菱形脸:水滴形、放射形等款型戴起来有"圆效果""聚焦效果"的吊坠适合菱形脸形的人佩戴。

(3)钻石镶嵌吊坠、链牌款"意"方面的特点。

其与个人审美观联系比较紧密,在说明时可以将款式风格与个人的行为习惯联系起来。

1)圆形:寓意比较传统,家庭观念强,有一定的依赖性,也有知足、圆满,性格恬静、稳重的寓意。

2)椭圆形:寓意具有较强的独立性和创造性,无论是在生活上还是在事业上,都显得与众不同,在中国文化里圆是通的表现,是欣赏和重用的表示。

3)心形:显示性情细致,体贴入微,而且浪漫活泼,感情丰富,富于女人味。

4)方形:偏爱长方形或方形款式的女性,生活严肃认真,做事井井有条,寓意坦诚、坚强。

5)梨形:选择梨形吊坠的多为追求时尚的现代女性,寓意容易接受新鲜事物,勇于探索,具较强的适应能力。

6)橄榄形:象征佩戴者具有很强的事业心,大胆外向,爱接受挑战。传统寓意的橄榄形象征幸运。

(4)钻石镶嵌吊坠、链牌款"工"方面的特点。

主要工艺有光面、模铸,工艺质量要求较高。

1)光面在吊坠中运用非常广,主要是通过光亮的感觉提升佩戴者对别人的吸引力。钻石镶嵌的吊坠,基本上都是使用抛光、电白的表面处理工艺,以获得光面效果。

2)模铸:铸造的首饰能精准反映生产品牌企业的高质量要求,其中最重要的是成品的图形是否符合设计的最初比例,比例不对,吊坠的造型会显得杂乱无章,美感大打折扣。

3)质量好的吊坠应该没有毛刺、空洞等铸造问题,钻石要求镶嵌牢固、无松动。

4)配链的工艺质量主要体现在项链节与节之间的绞合处是否灵活。可以用手轻轻地把项链团成一团,然后将一头拎起来,节与节之间绞接的地方不折弯、不打结,说明项链的链接质量比较好。

5)链尾的款型,也就是"扣"的工艺价值体现在牢固和美观的协调统一。项链主要有"山"字扣、弹簧扣等。

【吊坠商品说明示例】

如图3-15所示。

型：金属线条弯曲如魅力的女神，铂金环绕组成一个天使般的翅膀，是流行的西方精灵形象，闪亮的钻石让活力的青春在这里闪动。

饰：外表圆滑，可以很好地起到保护首饰的作用，是喜欢运动和室外活动者的首选。吊坠面宽大，整体比例适当，可以和商务服饰大方搭配。

工：采用光面工艺，闪亮迷人。做工线条比例适当，铸造与原形一致，绝不能变形。钻石在铂金衬托中闪烁出美丽的火彩。真正品味简洁的产品外形和流线型的金属质感。

图3-15 吊坠

意：寓意让女性魅力插上翅膀，大方得体地展示出拥有者动感的气质；音符线条展翅欲飞，可以给人带来愉悦的心情与梦想。

钻石手链类商品如何呈现其柔美的特点？

钻石手链灵动闪亮，以突出修饰纤纤手腕为主要特征。在销售时多以呈现突出其柔美的配饰。其中简约而不简单的选择是消费者佩戴手链的心理诉求。手链的每一款式量较少，与体貌配搭要求不高，一般只要款式、钻石大小适合，自己佩戴、送人都比较方便。

(1) 钻石镶嵌手链类首饰"型"方面的特点。

1) 整体造型的要求：手链灵动型款式更能体现动感，整体设计的时尚型手链能表现休闲生活的品味。

2) 线条的特点：造型线条有空间表现感，从而最能体现大气的感觉。

3) 花型图案：多钻款式和贵金属相互拼接，立体感比较强，钻石排列规律性较强，好处是突出手形的柔美。

4)钻石的位置:排列在线形上的多颗钻石光亮相互呼应,更能显示女性亮丽的一面。

(2)钻石镶嵌手链类首饰"饰"方面的特点。

1)手臂和手腕稍粗的:戴宽而厚的手链,可以反衬手腕和手臂显得细小,粗臂女性多选较夸张型款式。

2)手臂过瘦的:应当戴细小的金属手镯或手链,而不要戴粗大的手镯。追求豪华效果时,可以选择时尚的花形,或者较大体积的钻石。

3)手掌长的:宜戴宽的手链。手掌短的:可选择精致、单条的手链,应避免大而圆或大而宽的款式。

4)搭配服装的原则:别致、简约手链配穿职业装,丰富多彩的手链配穿休闲装,华丽而灿烂的手链配穿晚宴装。

(3)钻石镶嵌手链类首饰"意"方面的特点。

1)手链类的实用性表现在每一个女性都可以佩戴,独立于服饰和体貌特点之外,款式不挑佩戴者体形,这一点也是作为礼品送人的最好选择。

2)寓意细腻的情感,通过流线造型顺手腕的一圈光亮金属对比出女性肌肤柔滑,增强女性气质的飘逸感。

3)寓意华丽的情感,大方地将目光聚焦到钻石上,显示出令人注目的时尚感觉。

4)寓意身份地位的象征,珠宝首饰中用钻石比较多,这种众星闪耀款式戴的就是身份。

(4)钻石镶嵌手链类首饰"工"方面的特点。

1)工艺方面需要考虑镶嵌方式与配件的搭配是否合理,镶石数量是不是刚好围成一圈。

2)手链的连接部位要求灵活,不能形成凸起的形状。连接处多用环形设计连接,可以让手链圆润。

3)钻石手链多用模铸工艺制造,质量方面要求没有空洞、砂眼。

4)手链、手镯的长短一般无法修改,顾客选择合适的长短尺寸的手链、手镯有时比款式还重要。

【钻石手链的商品呈现示例】

如图3-16所示。

图3-16 双头鱼形钻石手链

型:造型设计通过鱼眼圆花,营造浪漫光环的理念,整体造型在花朵异域的风情中透露出时尚风,在跳跃的线条中也透露出民族文化寓意风格。心中所想心中所及,长弧形线条曲折有序,百折千回,如同时光之梭,是爱情的见证。

饰:无论是结婚还是日常佩戴,尽显女性知性和谐之美。线条感强,适合突出女性的骨感美。简约造型,适合服装搭配。款式独到,长期保存价值高。

工:全包镶钻石,适合手部运动较多的特点。圆弧形线与圆点排列有序,加工精准不易变形。

意:佩戴这款钻石手链对我们而言,就是休闲的心态,是心意相连的表白。送给爱的人用手链表达自己的爱意,代表与其偕老的含义。

如何说明有视觉平衡点之称的耳钉、耳环类商品的特点?

(1)钻石镶嵌耳钉、耳环类首饰"型"方面的特点。

1)整体的要求:耳钉款式造型一般比较简单,以能很好地与脸形配合,展示女性的柔美为原则;耳钉、耳环多数时候用在与其他首饰配套,主要价值体现在协调美中。

2) 线条的特点:线条对称性强,而且线条不能过多、过杂,这样才能很好地修饰脸部;耳坠较长的耳饰能很好地与脖颈配合,更好地体现女性小脸的气质。

3) 花型图案:花型变化少显得比较小巧秀气,适合气质高雅的白领佩戴,既体现尊贵又不张扬。耳钉的图案不能超过两种以上,不多不少的修饰效果,更适合耳垂的方寸之地。

4) 钻石的位置:中间位的钻石体现耳钉的立体感,花型上的位置以发散形线条起点睛的效果。

(2) 钻石镶嵌耳钉、耳环类首饰"饰"方面的特点。

耳钉、耳环的款式选择范围不多,还可以用耳钩、耳线款式补充。其中,漂亮而别致款式的耳钉、耳环最得女性欢心。佩戴耳钉、耳环要求配衬和谐,要与发型、颈部长短、脸形方圆、肤色等相协调,以追求整体效果。

1) 长脸形:根据视觉原理,当视线作上下移动时,会产生纵长感;当人的视线左右移动时,会产生宽度感。耳钉、耳环可以用来弥补脸部整体宽度感的不足,使脸的视觉长度有所减弱。佩戴圆形的大耳环,可以将视线引向闪光、漂亮的首饰,使颈部看起来修长。无坠的贴耳造型款式适合于长脸形,贴合脸部,能圆化脸形。

2) 方脸形:可选择贴耳式耳环来进行视觉修饰下颌部。适合的造型有心形、椭圆形、花形、不规则几何形等。由于耳环的形状、色彩、光亮度形成的扩张感,可以使下巴的宽方感有所减弱。贴耳式心形的造型,是上大下尖的形状,可以减弱下巴的宽大感。

3) 圆形脸:适合佩戴有坠耳环,使圆脸形看起来呈椭圆形,即利用耳环的垂挂使人产生了纵长感。耳坠的造型呈长条形,在视觉上产生了纵长下垂之感,削弱脸圆的印象。圆球串珠能使整个脸形呈理想的椭圆形。

4) 三角形脸:适合星点状的贴耳式耳钉、耳环,可以使下颌的宽度不太显眼。长方形耳环由于造型与线条呈下垂直线状,对于缓解下巴的宽大感是有好处的。

5)菱形脸:菱形脸适合佩戴造型圆润、色泽柔和的耳钉、耳环,如花形、椭圆形、扇形、叶形等。最好是有坠子的。其中小圆形造型加上大圆形的坠子,与动感的发型相响应,具有飘逸感。

6)椭圆形脸:如果佩戴大耳环或有坠耳环,会显得脸部丰满多姿;佩戴小耳环或无坠耳环,则有秀雅俏丽的美感。

(3)钻石镶嵌耳钉、耳环类首饰"意"方面的特点。

钻石耳钉、耳环表现的关键是意境的价值。

1)单独佩戴是一种随意的意境,与套系配合佩戴是一种刻意的精致选择。

2)华丽的意境:成对的主钻石在脸的两边闪耀,往往传达出非凡的华丽感。

3)高雅、醒目的意境:钻石的耳钉花型简单,但给人眼前一亮的感觉,显现人的高雅、醒目。

4)小巧雅致的意境:钻石耳钉与耳环在首饰中本身就是属于小件,但精心的选择和细心的修饰会带来小巧雅致的气质感。

(4)钻石镶嵌耳钉、耳环类首饰"工"方面的特点。

1)耳钉(图3-17)一般工艺流行趋势与女戒的镶嵌方式同,但比女戒镶嵌方式更为简单,如三爪镶、包镶等。

2)耳钉、耳环的款型精致,工艺质量要求注意细部的处理,制造工艺更精细,耳钉针与花头最好是整体铸造的,这样不易断裂。

图3-17 钻石耳钉

3)耳钉的两颗钻石的级别应选择相同的,钻石是精挑细选的。

4)如果是比较大的钻石,因为容易吸引目光,对钻石的切工应尽量选择"好"以上的,以突出火彩。

5)一般用表面闪亮工艺,注重每个亮面的效果。

如何在钻石首饰套装的推介中体现组合套系的魅力？

套装首饰在门店销售中也叫"套系""套饰"。向顾客推荐套装首饰有利于销售，但是，在做呈现说明时一定要慎重，销售者自己要清楚什么样的首饰是套装？配套不是乱搭配的，它必须以适合人们习惯的形式出现。套装饰品，应符合焦点修饰、设计造型元素相近、礼仪习惯等审美原理。

套装修饰的原理要求主要的修饰区是人身体的焦点部位——脸部、手指、颈项，并且不能忽略脸部而重点修饰其他部位。如用戒指与手链、戒指与胸针配成两件套时，焦点在远离脸部的部位，会给人首饰搭配不当的感觉，所以就不能称为套系。

套装珠宝首饰要求各项首饰的设计元素符合相近原则。首先是符合三色原理，宝玉石颜色不要超过三种以上，超过三种颜色就有变成大花脸的危险。佩戴者还应该注意出席场合的灯光效应，有灯光时，有色的贵金属、宝玉石会光芒四射；而日光下单一宝石颜色会感觉过于刺眼，因此最好将白色贵金属或者有色K金镶嵌钻石的首饰配成一套。其次是首饰的线条图案、立体造型、表面机理等设计相近或者相同，可以经过适当的变形处理。第三个方面是运用相同或者相近的材质，如同时佩戴镶嵌钻石的耳钉、白玉的套链、黄金的手镯就会显得不伦不类，故不能称之为套系。

套装首饰的礼仪效果较强，礼仪习惯要求按常规来佩戴首饰，另类的首饰一般不要作为套装。佩戴的场合按礼仪习惯分为职业套装、休闲套装、隆重套装、结婚套装、节日套装等。职业套装主要的构成是项链和胸针，缺少这两样就不能成为职业套装；休闲套装的佩戴数量不能超过三件，即使是活泼的设计，如果超过三件，也会产生隆重的感觉；隆重套装则应该含有独特设计的元素，但不能因为款式简单而发生"撞款"的情况；节日套装与相应民族习俗有关，往往只是在相应节日时才佩戴的成套首饰；结婚套装要满足结婚仪式的要求，如有的地方要求结婚时佩戴的首饰必须超过三件，而西式婚礼有穿婚纱交换戒指的环节,要求套装必须包含戒指和项链。

根据首饰佩戴的位置,能够作为套装的首饰种类,可分为头饰、颈饰、胸腰饰、手足饰等。头饰有发饰、耳饰。颈饰有项链、吊坠吊牌。胸腰饰有胸针、腰带钩、腰带环、玉佩。手足饰有戒指、手镯、手链、脚链等。

1.套装首饰的组合方式

根据首饰种类的数量组合方式,常见的首饰套装有:两件套装、三件套装、四件套装、五件套装。它们各自适合在不同的场合下佩戴,我们在组合时要注意不要轻易地超出范围,否则会给人"乱搭"的感觉。

常规组合:戒指、项链和坠、耳饰三件组合。

休闲性组合:项链和坠与戒指组合、戒指与耳饰组合、项链坠与耳饰两件组合。

职场环境组合:戒指、项链和坠、胸饰三件组合,戒指、项链和坠、耳饰、胸针的四件组合。

隆重场合组合:戒指、项链和坠、耳饰、手镯或手链四件组合。

正装组合:戒指、项链和坠、耳饰、胸针、手镯或手链的五件组合,戒指、项链和坠、耳饰、手镯或手链、发饰的五件组合。

2.钻石镶嵌首饰套装的价值

在推介钻石镶嵌首饰套装时,引导顾客认识套装价值,是顾客选择相应商品的必经过程。

(1)礼仪要求的价值:在一些正式场合和商务场合,对佩戴首饰的礼仪有特定的要求。佩戴套装或接近于套装的高档首饰在这些场合被认为是对参与者的一种尊重。生活中在一些重要的典礼上也有同样的着装要求,比如婚礼、聚会等。

(2)用同一性增加美的价值:同一性是精心设计的美,是心思缜密的气质表现。单件珠宝首饰的美观,毕竟只是在单一方面体现出来,如戒指就往往在手指之间表现出美的价值。而套装的造型与款式表现的往往是同一风格,套装设计时也会运用同一元素,在不同的身体部位表现同一性的美,这种美是多件套装所独有的。这种美,不是1加1等于2的美,即使是两件套的饰品美的价值也比一件价值高两倍多。所以当购买一件豪华款式首饰的代价太高时,用两件套或者三件套一样可以达到同样的效果。

(3)难得的唯一性价值:买套装很少会有"撞款"的情况出现。爱美的人都想独自占有一种美丽的首饰,而不希望与别人相同。套装因为设计制造的成本较大,一般加工企业很少经常性地去设计,也不会大批量生产,所以市场上钻石套装稀少,形成独特的款式唯一性保护屏障。

3. 珠宝首饰套装搭配的要求

(1)两件套饰、三件套饰应用范围较广,一般情况下是比较容易组合的,可以配任何服装,出入任何场合,只要求首饰的材料、造型、做工与环境、服饰相配即可。导购推荐非套系的首饰搭配成套装时,应该注意在非套系首饰之间找到同一性,造型设计应该有相同的元素,例如心型、花型的设计元素等。

(2)四件套饰、五件套饰佩戴一定要慎重,只有较正式和隆重的场合才可以佩戴。导购应该按顾客的佩戴环境帮助其选择。

(3)套装首饰由于件数的增多,对服装的要求较高。套装首饰如同一个有身份的主人,与之相配的服装也要求尽量与之相配。主人豪华,客人不能寒酸。套装首饰是一位豪华类型主角,与之搭配的服装则应该是高档类型的配角,一定要注意与佩戴环境相协调。例如,翡翠套装最好是在出席晚间的正式场合佩戴,而不适合在日光下;钻石首饰适合多数场合,但不适合普通工作场合。

4. 钻石套装首饰的呈现特点

(1)在顾客有需求的情况下,应着重套系的造型、妆饰作用、寓意和工艺质量四个方面进行价值说明,达到呈现商品的效果。

(2)在顾客没有明确需求的情况下,需要先调动顾客对套系首饰的需要。可以先激发顾客购买有兴趣的首饰,在开单交费后,运用连带销售法向顾客推荐套系观念,进而促成顾客再次购买。

(3)帮助顾客拟定购买计划,并比较计划的优势,有利于顾客了解套系首饰的价值。比如,买款 30 分钻石的戒指,与购买一个 10 多分的戒指加 10 多分的吊坠加项链的费用相比,后者的付出可能多不了多少,但是,两件首饰成套的修饰效果要比一件强许多。

【呈现钻石首饰套装的示例】

心形款式套装(周大生简爱系列套装如图 3-18 所示)。

"型",呈现钻石套装造型设计的一致性特点。

图 3-18 简爱系列套装

图案以心形为主,属于造型图案简约的套装。这个套装的优点是整个套装设计以浪漫的双心形为主形象,与众不同的是把普通心形图案精妙地变形为双心形,加入了更多的时尚和流行元素;明显圆润的线条,西化风格强劲,带着甜美的复古风情;双心图案较之传统心形首饰更显华贵与典雅;在钻石首饰中双心形甜美的造型比较高雅,属时尚前沿产品,时尚,唯一,个性,而且高雅得体。

"饰",呈现钻石套装修饰功能的完美性优势。

整个套装分为四件,组合特别,自成风格。既适合平时上班、逛街佩带,亦适用于参加各种晚会等隆重场合。用四件组成一套,也可以拆开来二、三件组合搭配佩戴,产生多种组合方式。既解决首饰之间的搭配问题,拆开来组合更显得佩戴者美丽优雅和与众不同的搭配心思。心形甜美的造型将可爱风格发挥到了极致,适合甜美风格的美女!设计独特的风格与职业装、休闲装都可搭配出简约而不简单的气质。美观漂亮、制造巧合是使用心形元素的最高超技术,这个套装运用了缀珠、镂空、扭结抽象手法,能让心形元素展现出非同寻常的特质。这套简爱系列就如天作之合,双心形以一根线条轻松造就,就如两人一心相连的浪漫爱情故事。对日常与隆重场合都可以戴的套装首饰不必要求过分热烈的色彩搭配,该款用醒目的轮廓线就为造型提升了风格气质。这个套装主形象统一,四件又各有特色,在珠宝产品中非常难得,也可以说是心形首饰中绝无仅有的一套,有独特眼光的购买者才是这套首饰的主人。

"工",呈现钻石套装做工的精美。

这个组合套装是以白色贵金属为双心造型为主形象,独特三爪镶嵌款。采用各镶一颗独钻的方式,符合经典款式的工艺要求。全部都运用了抛光表面工艺,让整个套装统一协调,显现佩戴者清爽的审美风格。新颖的三爪镶,轻盈多变,更能突出钻石的璀璨,特别适合优雅、时尚的顾客。整个套装没有一根直线、一个方角,全部为曲线构成,工艺柔美,是经典的套装款式。

"意",呈现钻石套装寓意的唯一性。

浪漫的西式韵味和欧陆复古风情,寓意爱情的甜甜美美。整个套装以双心形为主形象,寓意两人一心一意的爱情誓言,非常适合作为定情、结婚的纪念款式,可永远珍藏。全部曲线型的外表显得华贵而典雅,寓意大都市人细微而精致的情感生活。它的优点是多元组合套款,一元的造型,同时兼容个性化风格。多元是四件套装分别在身体不同部位发挥各自不同表达方式,一元是甜美的心形相互呼应,整体既显华贵又把甜美发挥到极致,让顾客佩戴更为出色。这款心形的元素是最直接的表达讯号,一套心形简爱套装方能让你跟上时代潮流的脚步。

第三节 表达钻石首饰的核心产品力
——款式呈现的奥秘

如何说明经典款式类型钻石首饰的差异特点?

所谓经典款钻石首饰是指历经多年的销售而不会被淘汰,在市场上的知名度较高的款型。例如六爪皇冠款有近百年历史。经典款的造型多以简洁的设计为主流,容易为顾客所接受。但是,也造成市场上相同的款式比较多,所以不能以独特性为这类款式的主要卖点,而要以适合顾客体貌气质和欣赏习惯为购买价值呈现的重点。

【说明示例】

图 3-19 经典款戒指

型:简洁的造型与柔和的线条在任何时候看上去都不会觉得没有品味;而一丝不苟、不多一笔的经典造型设计才能永不过时。

饰：经典的款式优势是可以在各种不同的场合下佩戴；搭配时不挑衣服也是一大优势；款式图案对称百看不厌，能常戴常新。

意：经典的寓意是永恒，寓意深远，适合做永久纪念的首饰。有一种说法是：为自己，也为传给下一代，就要拥有经典款的钻石首饰。

工：经典款的镶嵌工艺经过多年的磨合，质量可靠度高；经典款为顾客永久收藏而准备，它的工艺技术优势是成熟的，每款产品的细节处理更加到位，达到标准才能出厂。

什么是豪华款式类型钻石首饰？怎么突出卖点？

对豪华款首饰有多种不同的认识，有人认为复杂就是豪华，有人认为材料使用无所不用其极的是豪华，也有人认为设计绚烂多彩是豪华款。从消费习惯的角度看，豪华是顾客的一种抽象认识，没有明确的标准。在钻石首饰中，可以把那些造型设计繁复、镶石较大、用碎钻群镶的款式称为豪华类型款式（图3-20）。

图3-20 豪华款钻石戒指

【说明示例】

型：造型整体复杂的好处是在设计上体现出来的不同凡响。线条图案很对称，可显示豪华的风范，并能极佳地衬托出顾客的气质。

饰：对于经常在社交与工作环境之间往来的顾客，豪华的款式更能体现顾客的精干特质。适合与多数商务服装的搭配，可以在瞬间吸引他人目光，建立良好的人与人之间的关系。

意：非凡气质是豪华的寓意，繁复的设计也体现一种精明的选择，在婚庆首饰中则寓意情感的华丽、浪漫等。

工：工艺技术运用了多种方式，其中手工的成分较多，工艺的价值较高。

什么是时尚款式类型钻石首饰？如何找到推荐的重点？

时尚款的特征是符合当下流行设计特点的类型。时尚款设计手法多变，可以是独钻也可以是主钻加上副钻，造型图案由众多不平凡的线条构成。

【说明示例】

型：运用当下流行的中国风元素，线条做了艺术化的变形，给人的感觉是既时尚又有文化品味。

饰：在休闲服饰当道的今天，时尚款适合在多种场合佩戴，是可以更高效利用的首饰。

意：时尚款寓意青春活力，在婚庆首饰中则寓意新人类的追求。

工：工艺比较讲究多变，做工不呆板，比较强调新技术的运用，比如钻石的切工。

图3-21　时尚款钻石吊坠

什么是创新款类型钻石首饰？呈现说明时应介绍哪些特点？

创新款一定是以往所没有的类型，在材料、工艺、造型、修饰效果等运用方面突破过去的传统（图3-22）。新的东西经常能引起人们的好奇心，但不一定为大家所接受，所以要抓住创新点进行强有力的呈现,同时还要在呈现时打消顾客顾虑。

【说明示例】

型:造型新奇的好处是独一无二的,这样不容易与别人撞款。线条比较柔和,符合众人的审美观,不用担心太过新奇而显得怪异。

饰:创新的设计帮助顾客赢得新潮、不落伍的赞誉,在重要的场合会产生引人注目的效果。

意:创新款的设计本身就寓意锐意进取。

工:创新工艺为首先尝试的人群带来更高的价值。

图 3-22 创新款钻石戒指

什么是工艺款类型钻石首饰？如何表达工艺款的艺术性？

工艺类型一直为部分高端顾客所接受,创新的工艺是未来首饰的发展方向。工艺款是值得收藏的一种首饰款式,因而更加讲究设计的整体艺术价值。

【工艺款示例】

型:不论是整体造型,还是线条图案的运用,都以追求艺术美为前提,最能表现顾客的艺术修养。选择艺术款首饰的人群相对较少,因而更能突出佩戴者的鉴赏能力。

饰:在需要展示个人形象的场合可以说是必须佩戴的一类款式,能更加突出个人的特质。

意:工艺款的寓意就是对美的追求。

工:手工工艺的投入是工艺款的价值,艺术设计几乎可以说是无价的。

第四节 商品呈现无处不在——体会呈现商品在销售过程中的应用

如何通过推介钻石首饰商品探询顾客需求？

在导购与顾客接触（销售）的早期阶段，导购需要清楚自己主要要做的是什么？错误的做法是与顾客见面就谈价格，或者见面就去教训顾客该买自己推荐的首饰。双方接触的早期阶段，导购的主要目的是了解顾客的需求，以及买首饰所期望的效果，也就是顾客对首饰的要求。比如，导购观察到顾客穿着光鲜亮丽的服装款式，这时可用一款光亮大钻款戒指去试探顾客的要求，观察顾客是否注意力集中在这个款式上，这就能试探出顾客需要的是什么了。在推荐产品时，还可以注意介绍突出这类顾客的所要求的方面，比如推荐男性的戒指选购时，就应注意介绍有光亮和显钻两个基本要求。在基本确定顾客的要求之后，进一步拿出磨砂工艺款与之对比。最后为了证明顾客的选择是正确的，还需要全面地对大钻款戒指款式进行价值说明。所以说，讲产品的目的不只是让顾客了解产品的好处，还要通过推介的商品探询到顾客的需求。

顾客在购买时，习惯模式是跟着自己的感觉走，但是顾客往往又不能明确自己的要求是什么。当出现这样的情况时，通过呈现首饰的特点，可以了解到顾客那些不是很明确的要求。

探询顾客的要求而推介商品时，要注意推介的重点应在商品的一些关键点上，并边讲解边注意顾客的反应。在探询要求之前，要大致判断顾客的喜好。顾客的喜好可从其的服装、首饰、语言、眼神、停留的地方等方面观察出来。

下面这则销售故事发生在成都导购小李身边。当时她刚进珠宝公司不久，这次销售的失败让她记忆深刻。在我们进行演练的课程当中,她终于明白了讲产品还能探询顾客的要求,于是她讲述了下面的案例,并和我们进行了一次复盘演练。通过学习,小李成了一名非常优秀的导购,演练中她准确地探询到顾客真实的需求。小李的经历如下。

【案例】

那天,一男一女两位顾客朝小李的珠宝品牌柜台走来。男士穿着高档休闲衬衣,手里拿着车钥匙习惯地晃着,手上戴的表很光亮;女士相貌很漂亮,穿着搭配让人感觉很精致,戴的首饰钻石从大小来看属中高档的,两人年龄都在三十五岁左右。小李想这两人有购买力。和顾客打招呼后就开始询问顾客需要些什么,男顾客只是微微地点点头,继续自己看着,没有开口。小李有些着急,怕这对有实力的顾客走了,又对顾客询问了一次:"你们想看点什么?我可以给你们推荐一下。"可这一对顾客只是笑笑,还是自己边走边看着首饰。小李心里更急了,因为顾客再走几步就走出自己品牌的柜台。

这时小李不知如何是好,想起了可以打折销售。于是,就对顾客说:"现在商场做活动,打九五折呢。"不说还好,这一句话出口,就看两位顾客抬起头。女顾客说话了,回了一句:"才打九五折啊,别家都打八折呢。"小李这时认为顾客对折扣比较感兴趣,忙回答说:"折扣每家都有,你挑好中意的商品才是关键。"女顾客又马上补了一句:"你们的戒指也不是太好看啊。"

这时小李被顾客说得有些发懵,不知如何是好,眼看着顾客走出自己品牌的柜台。更加让小李痛苦的是,这对顾客在对面别家品牌柜台购买了一对大钻的戒指。

回顾与演练是提高的法宝

在培训的训练当中,小李讲述的这个故事引起了大家的兴趣,因为大家都有些类似的经历。通过我们在培训当中的模拟演练,现在大家对同类型的问题都能够很好地解决。我们是用围棋复盘的方法,把小李的故事作为案例,把她接待顾客所经历的过程分成不同的阶段,对应每个环节进行顾客行为心理分析,找出提高接待顾客成功率的途径。

小李在整个过程中只说了三句话,也就是说顾客只给了她三次机会。小李不合时宜地问话,完全破坏了谈话的氛围,最后,是黔驴技穷,在顾客的抢白下无言以对。小李在接待的开始阶段,忽视商品力的发挥是关键性的错误。顾客对商品的喜爱还没被激发起来,就想与顾客谈价格。企图以低折扣吸引顾客,没想到这是一对不买账的顾客,对各家公司的折扣了如指掌。探询顾客购买意图时,小李的问话形式也有很大的问题,没有顾及顾客的商品感受,想直截了当地问出顾客的需求,不想这对顾客对导购的要求比较高,小李观察不够细致,并且柜台里没有能打动他们的商品,这时,他们是不会接受导购的沟通要求的。从沟通的角度看,小李只有站在顾客角度的心态,但没有掌握沟通的技术。从商品技能的角度看,小李对商品力的理解还不如顾客,那顾客怎么会愿意听她推介商品呢?

小李现在可是一名优秀的导购,对同类的问题处理得非常熟练得手。她在模拟演练当中做了一次总复盘,堪称精彩。

接触时先用货品吸引顾客。小李观察到这两人有购买的实力,就把向顾客打招呼与询问顾客需要联系起来,试探性地问顾客想看些什么,而不是问想买些什么。顾客回答与否不重要,关键是做第二步,观察顾客注意力集中在什么货品上。小李第二步是拿出一枚新款的戒指吸引顾客,同时进行简单的产品说明。小李想这两人有购买力,但要求一定也不一样,这样的顾客应该是中高档。从他们的眼神与逗留柜台的时间判断,他们想选男钻,于是就轻轻地打开柜门,拿出一款 30 多分的钻戒。

她是这么说的:"先生,这枚戒指是新款,您不妨试试,您看,这款的风格是非常显钻,戒圈光身工艺光亮耀目,又好打理维护。这款戒指立体感强,台面大很显钻。中间一颗独钻,周围一圈小钻,

是豪华款的款式。这是我们新到的,只有两枚,另一枚,钻有点小,您不妨也试试。"看到顾客注意力集中在所介绍的款式上,知道顾客对钻石的大小和款式感到比较适合。小李开始做第三步商品价值呈现,这一次是按五步呈现法来做的。

小李是这样处理第三步的,她对顾客说:"我再给您拿一款您比较比较,您看这款是独钻,戒臂两旁带点喷砂工艺。"男顾客两款都试了一下,女顾客这时说话了:"这款(光身款)挺好的,挺气派的,适合你的身份。"男顾客也觉得这款好。

小李通过三个动作,这时已经看准顾客要求,马上开始呈现商品:"你们太有眼力了,这是我们新推广款式,也叫做广告款。整体看起来新颖、独特、稳重。款型大方很适合成功男士佩戴。而另一款很常见,戒臂旁边的喷砂如果掉了也很难收拾。这款当然就不同了,戒圈是全抛光的,戴的时间多久都一样会是这么亮,您拿这款没错"。

在这个案例中,小李用反向顺序 FAB 说明法去"撞"顾客的选购标准。这种方法把"利益点"放在前面,引发了顾客兴趣。商品呈现不仅可以运用在说明商品的过程中,而且在接触顾客的阶段也可以发挥很好的作用。商品就是导购手中的武器,销售就是战场,导购熟练运用销售的技能决定了销售的结果。

如何通过呈现产品力让顾客信任我们的服务?

要想使顾客信任我们导购的服务,导购就要进行大量的提问和倾听。提问有助于吸引顾客的注意力,导购聆听顾客的回答,可以在双方之间建立起一种互相信任的关系。在倾听的过程中,一旦发现问题,导购就可以向潜在顾客介绍解决问题的方法。并且介绍解决问题的方法时,应富有创造性,努力创造一个轻松愉快的氛围。导购提出的每一个问题,都暗含着对潜在顾客的关心与兴趣。导购倾听技术的核心原理是在有意识的引导下交谈,潜在顾客如果能够通过导购引导而说出自己的想法,同时能够在没有压力的情况下了解所购买商品的性能,顾客就会喜欢并信任销售人员。由此,导购可以和潜在顾客建立良好的信任关系。倾听技术说起来容易,掌握这项技能的导购并不多。如果这样简单的技术都掌握不好,那主要的问题在哪里呢?应该指出的是,问题还是导购对商品的价值没有评估能力,更没有用心去分析商品,所以无法有力地呈现商品。

  下面的这个案例,也是在一次培训演练当中,导购自己成功销售的一个亲身经历,因为非常有代表性,在这里讲出来与大家分享。演练中我们把它作为一个标准掌握销售沟通要领的案例。

  从这个案例中,我们可以看到导购小刘的娴熟商品推介技巧,使顾客感觉到导购服务的专业性是值得信任的。顾客提出的每一个问题,小刘都有可以让顾客感觉比较贴心的解决方式。当顾客提出第一个问题时,导购小刘请顾客坐下来,歇一会儿,以平复激动的心情。这点是服务时非常必要的礼仪,别看只是坐下来,留住顾客就从这一个请坐会儿、歇会儿开始。在介绍珠宝首饰商品选择的解决方法时,导购发挥创造力,把顾客引导到耳环柜台前去体验。推介商品目标能够让顾客一次满意也是导购专业能力的表现,顾客因此而信服。强调商品的搭配和商品所表达出来的情意,是小刘对商品价值的深度挖掘,能做到这一点的导购不多,就如同物以稀为贵一样,顾客以遇到真正可以帮助自己的导购的感觉来评判这个品牌,品牌的影响力也因此而提升。当老人不愿意让女儿破费时,导购小刘马上呈现商品在情感上的优势,让顾客(老人)站在女儿的面子角度考虑问题,化解顾客的顾虑。这个案例的启示是,对商品的理解决定了导购专业的高度。如果你是导购小刘,你会如何做呢?

【案例】

  这天,一对母女出现在珠宝区,小刘看到她们在别的品牌柜台边闲逛,又像是边寻找货品似地走着,小刘想这对母女可能是有目标的顾客。过了一会儿,她们终于来到了小刘所在品牌珠宝柜台

前。小刘导购连忙迎接顾客,与顾客打招呼。但这对顾客说只是随便看看。小刘导购很轻松地表示没关系,需要什么,我再给你们介绍。过一会儿,母女俩走到项链柜台前停下了。小刘并不慌着给顾客介绍商品,她想对这样的顾客需要一次强有力的推介,而知道顾客的目的是推介的基础。于是,小刘按顾客的要求拿出条项链,并与顾客攀谈起来。

母女俩比较健谈,导购经过了解,得知老年顾客的女儿想给母亲挑一份生日礼物,而母亲则不同意,不想让女儿破费,只想走出珠宝区。这时小刘导购快速行动起来,热情招呼两名顾客坐下,聊了起来。顾客中的母亲又出了一个难题,说:"我不要项链了,我还有两条呢。"小刘导购很聪明地接了一句话,作为初步打动顾客的一个关键步骤。小刘导购说:"阿姨,您看您女儿多孝顺呀。没事,您不喜欢项链,咱们就挑挑别的,这还有耳钉、钻戒,您先试试感觉一下。我觉得阿姨戴一对耳环肯定挺漂亮的,您说是不是?"这句话本来是比较有风险的,顾客如果也有耳钉的话,就会出现问题。小刘正是看到顾客戴着项链,而没有戴耳钉,再观察顾客耳钉眼并没有常戴首饰的痕迹,这说明顾客即使有也不常戴,原来有的耳钉可能不合阿姨的心意。顾客女儿有心为母亲准备礼物,但还是不知为母亲买什么更好,在这样的情况下,只要阿姨的女儿觉得礼物有新意,会帮自己忙的。果不其然,小刘导购把目光转向女儿时,女儿说:"对,给您买对耳环吧,咱先试试。"母亲也就没有再推辞,并在导购的引导下来到耳钉、耳环柜台前。小刘导购观察阿姨是长脸形,偏瘦,觉得阿姨戴上一对群镶对排的耳环肯定漂亮。想到这里,导购小刘拿出了一对群镶款式的耳环,帮阿姨试戴上。

这款式商品的推荐比较成功,照着镜子阿姨不禁说道:"太漂亮了,但是这么漂亮的耳环,我这把年纪了,戴上不会太花了吧?"小刘导购机灵地赞美阿姨:"怎么会呢?阿姨,您看您肤色多好啊,白里透红,戴上这对耳环不仅衬您的肤色,而且更显气度不凡呢。"可能是女儿也比较满意,女儿也帮腔:"真的不错,这导购小姐眼光真不错,妈,您就选这个吧。"阿姨听女儿说想买,但她又不愿意女儿多花钱,于是提出了价格的问题。"多少钱呀?"小刘想到不能让阿姨嫌花钱的情绪继续下去。于是说:"这是很实惠的一口价产品,六千多。""阿姨,您这么有福气,女儿这么孝顺。您戴着耳环,别人要是知道是您女儿给您买的,那多好啊,您女儿脸上也有光啊。"这一句话为后来的成交奠定了决定性的基础,后来顾客的问题在这个商品情感优势面前不断瓦解,最后成交是很自然的事情。

我们在培训的演练中,鼓励导购们一起来分析这个案例。大家都认为是小刘一下抓住了顾客的心,我问大家,这个"心"是什么呢?可否对其他销售的过程有参考意义呢?大家很用心地讨论起来,因为导购们也想弄清楚。最后大家的讨论回到了五步呈现法上,这个"心"就是顾客的"心意",是母女情的心意。在销售时不仅于此,还有送人的"情意"、情人间的浪漫之意、送爱人首饰的"诚意"等等。

珠宝首饰具有与其他类商品不同的价值,它本身不像家电类商品那样以有没有什么功能来区分优劣。它是情感类商品,被人所赋予的情感价值、意境在情感表达上的理解又因人而异,各不相同。这个矛盾的解决者是导购。能否抓住顾客的心,对作为导购来说,也就是对情感的理解有多深的问题。

如何通过呈现产品服务的差异体现品牌公司服务的差异?

"试玉要烧三日满。"品牌公司的优质服务是长期训练积累的结果,导购的服务技能直接决定了品牌的服务形象。在一次培训中,导购们说北京有家餐馆提供的是跪式服务,难道服务的极致要如此才能打动顾客吗?显然这不是服务本质,只能算是服务的另类。服务从心而论,以诚心诚意为标准,是长期贴心地满足顾客需要的过程。面对顾客的服务请求,只要诚心诚意就可以达到。品牌珠宝公司注重培训的目的是提高导购素质,以专业性面对顾客,走专精的销售模式。珠宝首饰产品专业性还是一个广泛的题材,没有专业化训练,很难全面掌握。正因为这一点,珠宝导购需要学习的知识不亚于一名大学生。下面的案例是学员在经过公司长期培训后,对珠宝首饰产品的类型特点了如指掌,体现出来的专业化销售的优秀素质。

【案例】

一天早上,商场门刚开,导购们还正站在柜台外例行迎接顾客礼。一位中年妇女就拎着一个小包来到阿红的柜台前,问这里有没有维修项链的地方。阿红指着边上的维修点,告诉顾客维修的人还没来,可以在她那坐一会儿。当顾客坐下等维修师傅时,顾客主动和阿红聊了起来,说不只是想修项链,还想配一个钻石耳钉后面的铂金耳壁,问阿红这里有没有。阿红想顾客可能急着用首饰,不然不会一大早就来修首饰。急顾客所急就是最好的服务,这是培训时老师告诉阿红的。阿红知道耳壁这个配件自己柜台里没有多余的,就帮顾客去其他柜台问了一圈,结果还是没有。顾客好像很失望。项链修好后,顾客又来到柜台和导购打招呼,问导购能不能帮忙想想办法配耳壁?导购表示可以帮顾客到公司货品部去问问,工厂应该有备份。顾客听后特别高兴,像是心里的石头终于落地了。阿红导购建议顾客留下姓名和电话。只见顾客心情一下子变好了,登记好后,导购看见顾客的眼光在柜台里扫了一下,目光像是在看钻石手链。阿红导购抓住机会就建议顾客选几款18K的素金手链试戴。顾客想选又有点无所谓的感觉。这时阿红导购注意到她手上戴着一个钻石戒指,前面已经知道她还有钻石吊坠和钻石耳钉。于是阿红导购想顾客如果配上钻石手链就成了一个整套系的首饰,于是对顾客说:大姐,我们这次进的钻石手链中有几款款式特别简单大方的,可能您刚才没留意,要不我拿给您看看,正好和您现有的比较一下,因为你身上戴的首饰都是带有钻石的,如果再配一条带钻的手链就正好一套了。(呈现"饰"来吸引顾客)

顾客显然产生了兴趣,表示想试一下。导购拿了一条18K带有一颗小钻石的2 000多元的心形花型手链,对顾客呈现商品说:这款手链是以浪漫的双心形为主形象(呈现顾客习惯的"型"),与您手上的戒指和吊坠是同样风格的心形设计,非常有缘,可以配搭成一个套装(呈现"饰")。钻石手链既适合平时上班穿职业装,也适合在逛街时配休闲装佩戴,还可用于参加各种晚会,特别适合优雅、时尚气质的您(呈现"意")。套装还能解决首饰之间的搭配问题,平常把这一套拆开来,以两款来组合,可以配合出很多种不同的品味来,更显您与众不同的性格(呈现"饰")。这时顾客对手链看了又看,比了又比,对这个巧合的手链很满意,很快就决定购买。顾客最后还说:我这次出来主要是修项链,没准备买东西,身上也就带2 000多元钱,这么巧选了这条手链我还真喜欢,价格也合适。

品牌导购的专业表现评价:这次销售,从对顾客的服务价值体验开始,到顾客感受产品款式设计巧合,导购的真诚服务起到了关键的作用。而导购通过细心观察之后,找到激发顾客的潜在需求点。商品的呈现看似巧合,好像是导购的运气在起主要作用。但是,顾客的需求是不说不明,不点不透的。正因为导购抓住搭配成套的价值点进行呈现,顾客才会有好像突然找到心爱之物的感觉。导购在这个案例中呈现的是服务的专业性,在无形中销售出去一款产品。

通过比较商品价值让顾客增强购买产品的信心

【案例】

一天上午,一位三十多岁的男顾客来到××品牌柜台,表示今天就想先看看,还不打算买,原来在这家店里为自己爱人买过一个钻石吊坠。导购得知是位老顾客后,自然是套近乎,即便不买依然保持热情的态度。导购经过询问得知顾客是想送爱人生日礼物,但不知道该选什么好。

导购忙推介钻石手链,因为手链送人的好处是不用改圈等要

求,看着款合适就好,也不必太多考虑体形搭配,送爱人没有风险。在顾客认同这个观念后,导购开始进行比较性的商品呈现:"您选钻石手链是想要闪亮一些的款式吗?您看这款手链,有一颗独钻镶在正中间,两旁的白金制作了磨砂面工艺,使钻石显得格外亮,而且每节链子中间都是镂空的,还有一粒小钻石镶在里面,这样使整条手链明暗分明,戴在手腕上突显这颗大钻石,两旁的小粒钻环绕手臂,闪闪发亮,特别有光彩,您觉得怎么样?"顾客:"这款还不错,我仔细看看,还挺漂亮!那还有其他的吗?"导购在拿其他的款式前,做了一个呈现手链价值的动作,说钻石手链的款式一般在每个珠宝店都不会有太多,而且买手链的顾客多是看中就买最好,因为手链的款式不像其他品种,如被别人买走了,就是想去定做都不一定有,因为工厂生产的手链产品一般是款式多数量少,一个店同款的手链是没有的,买手链也是靠各人的缘分。这一点让顾客有了点感觉。

随后导购又拿出几条手链来,都带在自己腕上进行比较,顾客还是对导购推荐的第一条手链比较中意。看顾客确实喜欢,导购就想要把握好机会,争取今天让他买走。又再次呈现商品来刺激顾客的感受:先生,我看您也选了这么半天,但手里还是放不下原先那一款,其实这款我们导购也比较喜欢,刚刚我们还议论这条手链好看呢。戴起来大方得体,送给您爱人做生日礼物,她一定会很惊喜!再说,喜欢这款手链就别辜负了缘分,今天下决心明天才不后悔。

顾客在感受对比之后,明显有买的欲望表现出来。

导购帮顾客建立购买信心:钻石手链销售有些与其他商品销售不同的特点,就是款多量少,重复的款式基本没有,每款就一条。这点在呈现价值中可以突出说明,顾客从中可体会到一种购买的是唯一性首饰的感觉。呈现价值时,运用对比不同款式在手腕上的感觉去刺激顾客的欲望,边说边做给顾客看,款式的价值自然就表现出来。购买需要顾客的信心支撑,从对比的体验中顾客才有购买的信心。

"赠品作用妙,关键是在炒",呈现赠品吸引顾客的地方

有次公司用镀金玫瑰做赠品,在历年的促销当中,赠送这么贵重的赠品还是第一次。于是导购们就组织了一次研讨,发掘出这款赠品的吸引力,在销售当中她们用这种呈现赠品吸引顾客的方法介绍商品,获得了很好的效果。

【示例】

材:是真金镀金的玫瑰,含有真金,送人不同一般的玫瑰,适合长期保存。

饰:主要适合做装饰品,摆在家里,富丽堂皇,吸引眼球,让人记得住赠送者。

型:镀金玫瑰与植物玫瑰造型大小完全一样,颜色相同,可以长开不谢。

工:做工考究,几乎可以乱真,其中枝叶、花朵手工的制作价值非同一般。

意:金代表长久,玫瑰代表爱,镀金玫瑰寓意"永恒的爱"。

每次这样呈现赠品之后,顾客都不会再问购买镀金玫瑰要多少钱,往往都愿意购买一个高档次的钻石首饰,来得到这个赠品。

每一种赠品都有其价值包含在其中,在送给顾客的时候不要忘记做赠品价值呈现,让顾客感受到每个赠品的来之不易。

国外钻石证书知识在销售中的运用

随着大钻款首饰、裸钻 DIY 的大行其道,现在拥有国外证书的钻石日益增多起来。更有甚者,某些珠宝首饰公司或者导购以国外证书作为钻石的卖点。国外证书能成为钻石增值的魅力吗?钻石的国外证书又有什么意义呢?应该如何正确地运用国外证书的检测结果呢?

所谓的"国外证书",通常是指由国外三大钻石鉴定中心:国际

宝石学院（IGI）、美国宝石学院（GIA）和比利时钻石高层会议组织（HRD）所开具的钻石鉴定证书。由于受这三大钻石鉴定中心的品牌地位影响，使得他们的证书受到世界珠宝界的欢迎与信任。现在国内的珠宝品牌也使用它们作为钻石品质的依据，并成为钻石首饰或者未镶嵌钻石的卖点。

国外钻石鉴定证书鉴定的内容与国家检测证书的内容基本一样，也是围绕钻石 4C 品质，即重量、颜色、净度和切工四个方面进行评价的。所不同的是：因为鉴定机构彼此间执行的标准各不相同，开出的证书中鉴定信息也有所差异。目前，大家认为国外证书所测量的钻石详细品质细节和加工质量优劣等信息量比国内证书更多。还有一个特点是国外钻石鉴定的费用比较高，国内送检的主要是大钻、高品质钻。这也给顾客一个错觉，好像国外证书更有价值。事实并非如此，其中的差别我们要逐项分析，才能具体地了解钻石价值的不同。

（1）钻石的重量或大小全世界的标准一样，是以克拉〔ct〕来计量的。1 克拉＝0.2 克，且 1 克拉又分成 100 分，即 1 克拉＝100 分。钻石重量记录在国内和国外钻石鉴定证书中一般都会精确到小数点后两位。比如 0.50 克拉也就称为 50 分的钻石。因为国外鉴定证书的费用比较高，目前在数百元到千元。一般珠宝品牌公司，只对最少在 50 分以上的钻石才送到国外鉴定机构检测。

重量等级在钻石 4C 中是相对重要的一个方面，人们对于钻石，首先总是关心它的重量，越大越稀有，而世界上 100 克拉以上的钻石只发现有两千多颗。所以 1 克拉以上的钻石就可以称为大钻，只是国人的消费习惯还因为克拉钻稀少和价格昂贵而购买的人并不多。

（2）钻石的颜色：传统标准都以无色为最高级别标准，市场上宝石级钻石，多属于无色至浅黄色系列。钻石还有其他多种颜色，都不在标准鉴定范围之内。如：棕色、橙色、粉色、蓝色等被认为是彩色钻石系列。而一些比较另类的颜色的价值更难评估，比如黑色钻石。国外钻石鉴定中心鉴定钻石的颜色时,是将鉴定的钻石与一套国际通用的标准比色石进行对比,周围为白色背景,使用专用的钻石灯,跟比色石进行对照。标准比色石的颜色是从无色的 D 级到 Z 级次序排列的。这与国家检测标准的方法基本一致,但因为标准颜色的差别,检测出来的结果会有些微小的差别。个别国外检测机构颜色鉴定的级别,按国家检测标准会相应低一个级别。

国家检测证书中,颜色按字母顺序从 D—N 色标注,N 色以外全部标示为<N。国外证书中颜色标注一般只对钻石进行 D—M 颜色标注,M 色之后统一标称为 M—Z 色;但是国外鉴定机构的鉴定标准也在不断改进,不同的时期所开出的证书中鉴定项目有所不同。前些年有些国外证书是从 D—Z 色进行标注的。

世界珠宝联盟(CIBJO)把 D、E 色称为极白级别,F、G 色称为优白级别,H 色称为白级别,I、J 色称为微黄白级别,K、L 色称为浅黄白级别,M、N 色称为浅黄级别,O、P、Q 色称为黄级别。我国最新的国家标准没有采用这种分级方式,在证书上不会进行如此标注。在市场上,有时为了说明钻石级差的区别,有些导购还用这种分级法。应该说明的是,这种分级法与我国的国家标准是不相同的。

(3)对于钻石净度进行分级:国外一般都分为下面的五个等级,其中 VVS、VS、SI 都有两个亚级,P 级有三个亚级。国外证书与我国的国家检测证书标注方法的不同之处,是在最高级标 FL 或者 IF 和最低级标 I,其他等级一样。下面是 GIA 标级方法。

FL、IF(相当于但不等于我国国家标准的 LC 级):在 10 倍放大镜下观察,钻石内部无瑕疵,干净,有少许表面切磨缺陷。

VVS1、VVS2(相当于但不等于我国国家标准的 VVS1、VVS2 级):在 10 倍放大镜下观察,很难发现内部或外部瑕疵,可发现针状包体 1~2 个。

VS1、VS2(相当于但不等于我国国家标准的 VS1、VS2 级):在 10 倍放大镜下观察,较难发现内部和外部瑕疵,易发现少量细

小矿物包体。

SI1、SI2（相当于但不等于我国国家标准的SI1、SI2级）：在10倍放大镜下观察，容易发现内部和表面瑕疵；十分容易发现矿物包体，肉眼可见矿物包体。

I1、I2、I3（相当于但不等于我国国家标准的P1、P2、P3级）：凭肉眼能发现大量的瑕疵，肉眼可见矿物包体和大的解理与裂隙。

（4）钻石的切工：是钻石加工和抛磨、切工比例和对称性质量的等级。切工质量决定了被加工钻石的光泽和火彩效应。三大国外钻石鉴定机构在不同的时期所开出证书的切工评价标准有所不同。目前，比利时IGI证书和美国GIA证书对切工方面的评价由CUTGRADE（切工评价）、POLISH（抛光）、SYMMETRY（对称性）三个方面组成，每个部分的评价又都分为五级：POOR（差），FAIR（一般），GOOD（好），VERYGOOD（很好），EXCELLENT（极好）。比利时HRD钻石证书在切工方面的最高等级评价只有VERYGOOD。市场上称三个方面评价都是EXCELLENT（极好）的切工为3E钻石。

国内鉴定机构的证书中只有三个切工等级：一般，好，很好。没有极好（EXCELLENT）这一档，即使拿着GIA检测切工为极好的钻石去国内鉴定机构鉴定的话，最高也只能标注为"很好"（VG）。这就是经国外鉴定机构检测的切工等级在国内鉴定时，等级会下降的原因。

钻石腰棱上激光编码的问题：现在GIA证书和IGI证书都会在钻石腰棱上打上对应的激光编码，与证书对应。如果是完美的八心八箭切工，GIA的激光编码还会打上H&A标识。钻石腰棱上的激光编码需要用专用仪器才能看到，目前在裸钻销售中可用一款简易的放大镜观察到。同时，这两种证书在GIA和IGI的官方网站上都能根据证书号，查询钻石所配证书的真伪。

第四章 美丽的最好诠释：素金、K金类首饰的呈现

第一节 素金、K金类首饰特点

1. 消费习惯从贵金属储值功能向追逐款式设计方向上转变

素金、K金类首饰又称无宝类首饰，是指没有镶嵌宝石、玉石的贵金属首饰。这类首饰数十年前还是以储值为目标，兼顾一定的装饰功能。而近些年来，在层出不穷的镶嵌珠宝类首饰竞争之下，无宝首饰款式的发展也可谓日新月异。早几年路边热闹的黄金加工摊档已经不再多见，取而代之的是专业厂大规模生产、集中人才进行高速设计。曾经有一家工厂在2009年上半年就宣称已经设计生产达到4万款的规模，这在手工敲打制作的时代是无法想象的。这可以说是一场消费者所引导的变革，是消费者的喜好在主导与推动款式设计的变化，把设计不断地推向发展。

素金、K金类首饰自身材质所具有的可塑性为现代首饰设计提供了十分广泛的施展空间。加工容易、适合批量生产、购买成本相对较低等特点再加上传统认同文化的基础，让素金、K金类首饰如首饰中常盛的奇葩，领导首饰消费的主流。中国的素金、K金类首饰消费正在成为世界最大的市场之一，款式变化、工艺革新让人目不暇接。伴随需求变化而来的是消费时尚潮流，新产品一旦推出，市场马上就会有销售额上的反映，其他公司的产品款式仿制也就随之而来。这样周而复始，新品不断随潮流涌现。

在这种快速的款式更新环境中，人们现在的消费习惯也正在经历着这一场变革，素金、K金类首饰的储值功能已经不再是主导的要求。人们对首饰的认识正在向时尚化方面发展，首饰修饰功

能的需求正在成为该类商品的核心价值。

2.制造工艺的革新,让款式设计逐渐成为人们选择的目标

这两年,首饰加工技术与设备的快速发展,让过去很多只有丰富经验的技师才能完成的工艺普及化。例如:过去掌握娴熟的批花技术需要数年甚至数十年的功夫,现在运用数控批花机可以比人工更快地加工出优质的首饰。设计人员现在不再被加工技术所困,只要能够用心设计,机器可以帮助人们实现大部分加工目标工艺。新生代设计师的理念与见识更加宽阔,不断涌现的设计人才为珠宝首饰这个传统的行业带来了前所未有的款式大发展。

现在的金饰不仅具有富贵、隆重、永恒的意义,更是时尚的饰物。K金首饰因融合足金及其他不同特质、材料各异的金属,令金饰变换出多样的色彩与造型。既可以呈现出典雅高贵的白色,又可以演绎出魅力、纯情的玫瑰金及粉红金,甚至沉静的紫金等多种色彩。而且K金硬度较好,可制作出各款精美而又摩登前卫的首饰款式,满足年轻一代消费者以佩戴款式别致而又多样的K金首饰来表现与众不同。

不论是工艺的发展还是色彩的变化,都为款式设计提供运用的空间。在欧美流行多年的材质,同样也渐渐为国人所喜爱,让中国的设计也走向全球。中国风的设计元素这几年不断撞击世界首饰界大门,越是民族的就越是世界的,相信国内的首饰设计在不断发展中会成为市场的主流。

3.黄金对年轻人的吸引力差还是销售者的想法变了?

市场需求的变化也对销售提出了更高的要求,导购对产品是否了解和能否进行完美说明,也正在成为顾客考量的标准之一。很多终端人员认为年轻人不是黄金产品的消费主体,认为他们更容易接受珠宝首饰,而消费习惯调查发现,年轻人群同样会对设计独到的素金、K金类首饰产生追捧行为。那么,在销售中对黄金的认识和销售理念到底出现了什么样的问题呢？

原因之一是导购认为传统首饰的消费人群是年长者，从而导致导购不敢大胆地向年轻人群销售。另外，用传统的推介方法进行销售时，导购一般注重推荐保值作用，忽视时尚效果，因而不能使年轻人群感兴趣。传统推介方法把商品价值锁定在价格便宜和材质储值功能两个方面，而现在这两个方面却是顾客关注越来越少的两个方面。素金、K金的首饰价值应该回归到款式设计、工艺质量、寓意等方面。

例如，销售珠宝镶嵌类首饰的导购有句名言：想买回家放着就买黄金首饰，想买回去常戴就买珠宝首饰。她们用这句话不知道引导了多少消费者去购买珠宝首饰。而销售素金、K金类首饰的导购却还没有形成一些理念高度的引导语言，帮助顾客比较素金、K金品类上的优势。

想要向年轻人群推介黄金首饰，需要解决人们认为款式上"俗"的问题。过去人们购买的主张，以储备实用为价值，而现在年轻人的消费需要脱去这一"俗"的观念作用。这种"俗"的认识可以从两个方面去破除。一是把黄金首饰传统储值的看法与黄金的色彩修饰作用进行分割，突出黄金色彩的独特性。不可否认，黄金类首饰的价值本身在储值上比较有优势，但现在黄金首饰也在与时俱进，更新换代，独特的颜色更是生活多姿多彩的选择，再加上现代黄金加工工艺的进步，如硬黄金技术等解决了过去人们认为硬度不够，容易变形的难题。二是黄金的款式也向时尚变化，加工工艺进步很快，如表面明亮加工技术让黄金的闪亮如同珠宝，千足金色彩更加明艳，而且款式设计的突破，可以让人们以更低成本获得时尚等方面的享受。

第二节　素金、K金类首饰的特性

在素金、K金类首饰的各项价值对比中,材质和价格的价值同质化非常严重,每个品牌所用的材料区别不大,市场上从这两个方面已经很少能找到不同亮点吸引顾客。顾客对素金、K金类首饰的款式也是见多不怪,这方面也很难有比较高的附加值产品。消费者对素金、K金类首饰的需求比较旺盛,也是传统贵金属消费的习惯之一。销售这类商品时发现现在畅销的素金、K金类首饰都是把工艺与款式造型相结合,突出做工的精美。人们在选择时对素金、K金类首饰的寓意也习惯放在重要的地位。这样在呈现素金、K金类首饰的价值时,重要价值呈现顺序与钻石首饰相比有所不同。排列的方式是型、意、工、饰,即把寓意和工艺质量的重要性向前调整。

1. 生产工艺的进步带动了素金、K金类首饰造型设计的变化

目前,车花、批花刻亮面工艺成为造型的主流。车花刻面本来是制造工艺,现在越来越多的素金款式运用这种制造工艺来追求产品的明亮度和各种花式造型。这是工艺与造型设计相结合的方式,由此诞生了多种造型风格。

图4-1　仿钻车花戒指

仿钻车花型是车花工艺与造型设计的经典结合,这种表面明亮技术在素金、K金类首饰上随处可见。这种造型的特点是刻意制造光亮如钻石的感觉,刻意突出首饰表面炫耀夺目的贵金属光泽(图4-1)。

心型、花型属于常用的造型,这类造型比较符合普遍的审美习惯,给顾客带来方便的选择,凡是经典的造型款式,不容易过时,适

合大众化的追求(图4-2)。

图4-2 心型、花型加仿钻车花戒指

中英文饰造型,在素金、K金类首饰中也早有运用。现代文饰多变化,去除了过去的呆板,表达情感可以说是直截了当、直抒胸臆。

在现代追求可爱风格的人群中卡通图案造型大行其道。不同卡通造型的开发让人们可以方便地找到自己喜爱的角色。现在不只是传统的生肖卡通造型,更多不同时期流行的卡通形象也成为人们热情追逐的目标。

吉祥图案属于普遍适用的造型,这两年还不断形成消费的流行热潮,比如幸运珠、招财生肖等。这主要是人们相信命运安排、寄托美好期望的一种表达方式。你可以看到从大学教授到时尚青年,几乎人人都喜欢这类产品。

2. 在素金、K金类首饰中常见的现代表面处理工艺

素金、K金类首饰的表面处理工艺是对首饰表面进行防止腐蚀并起到美化装饰作用及延长使用寿命的一种技术处理,对提高首饰产品的表面质感效果、首饰的附加值及延长使用寿命等具有十分重要的意义。表面处理技术极大地丰富了首饰产品的装饰效果,拓宽了首饰设计的可用手段,使首饰产品呈现出更加生动多姿

的风采,为消费者提供了更多的个性选择。

首饰表面处理的主要目的包括三个方面:制造纹理、制造色彩、制造质感。分析每一款式素金、K金类首饰成品,衡量表面工艺水准也可以从这三个方面是否达到或者达到的程度来评判。素金、K金类首饰常用的表面处理工艺主要有:抛光、喷砂、钉砂、车花、批花等。从销售的角度来看,顾客主要关注首饰的外在美,首饰成品的工艺价值往往也体现在表面处理工艺上。

车花:是首饰表面雕刻的一种工艺手法,通过车花机上车花刀的飞速旋转,在首饰表面相应的位置刻出光亮的纹路。这些纹路明亮光洁,多种多样。所以很多顾客用比较光亮程度的方法比较车花产品的质量(图4-3)。

图4-3 车花饰品

批花:用于在贵金属表面雕刻光亮的花纹,它是运用批花刀在薄壁首饰金属表面留下图案的工艺方法,比如批花龙凤空心手镯(图4-4)。批花原来是首饰手工工艺技术的一种,需要技术熟练

图4-4 批花龙凤空心手镯

度较高,工艺价值也较高。现在也有数控批花机进行这项工艺处理,用数控批花机加工首饰的特点是雕刻的花型标准精确,没有丝毫混乱,花纹排列整齐,深浅适中,批花的花纹图案美丽自然。但如果是手工制作的,成本会比较高,因为是手工工艺,微小的差别就可以在产品中发现。现在已经有电脑程控批花机,设备价格高昂,故加工费用较高。

喷砂:是首饰表面处理的一种工艺手法,在首饰表面用石英砂与气体混合经加压形成冲击流,高速打击首饰金属表面,形成致密的凹坑,在金属的表面形成粗糙颗粒感,形成亚光效果。工艺特点的效果是致密、细腻、柔和的光彩。技术熟练程度没有车花要求高,但加工成本因为有部分手工的原因还是会比较高的。

钉砂:钉砂是传统的首饰表面处理工艺手法,它通过钻石刀具在首饰表面钉出一个个细小的凹痕,而且要求凹痕密集度非常高(图4-5)。钉砂凹痕排列无序,深度比拉砂深几倍,钉砂痕颗粒感较粗,比亚光感亮,形成特殊的质感,目前在黄金类首饰中使用较多。

图4-5 钉砂转运珠

抛光:使用抛光机器打磨首饰表面,使首饰表面光滑、明亮、耀眼(图4-6)。先进的抛光技术,能彻底抛光首饰而没有死角,表面感觉像镜子一样。在珠宝销售中也有人称其为"光身"加工。

图 4-6　抛光戒指

拉砂工艺：利用硬质合金拉砂工具或金刚砂，对首饰金属表面进行同向打磨，形成深浅相同、错落平行的凹痕条纹，具有丝绢般的光彩（图 4-7）。拉砂表面光滑，条纹却清晰可见，常用在男性首饰中，表现细腻的气质感。

图 4-7　拉砂情侣对戒

电化学着色：利用电化学侵蚀或电泳使首饰表面金属变色或被染色。该方法在 K 金首饰中运用比较多。如果是在一款首饰上电镀上多种颜色，则叫做"分色"工艺。

电化学着色中的"电白"工艺：利用电化学沉积在首饰表面形成贵金属镀层，白色 K 金表面都会电镀一层贵金属铑，以提高首饰表面颜色质量，这就是俗称"电白"的工艺。白色 K 金首饰如果在长期使用后出现镀层磨损的情况，只要经过再次"电白"就能恢复原样。

嵌入色彩：是将釉质或玻璃质颜料嵌入首饰金属表面，经过高温烘焙或激光产生的瞬间高温固化在首饰表面。

表面处理还有如炸金、分色等比较专业的工艺，一般适合大批量生产，销售中多数不用强调介绍。

3. 素金、K 金类首饰的主要制造工艺

模铸工艺：模铸是目前首饰业中最主要的一种生产工艺。模铸是由失蜡法浇铸贵金属而成的首饰制造工艺，也是素金首饰的主流制造工艺。模铸工艺适合造型复杂的首饰形态（图4-8），并且可以进行大批量的生产。模铸工艺的流程为：制作首饰模型—压制胶模—注蜡模—植蜡树—灌制石膏模—铸件浇铸。相比手工制造，模铸工艺能够准确地复制设计原型。

图4-8　倒模工艺紫荆花吊坠

冲压工艺：冲压工艺也称模冲、压花，冲压是一种浮雕图案制造工艺。其步骤为：先根据一个母模制出一个模子，然后通过压力在金属上制出浮雕图案。

冲压工艺流程：压印图案—成形（弯曲）—将各联结件组合起来（通常用焊料）。

冲压工艺适用于底面凹凸的饰品，如小的锁片，或者起伏不明显、容易分两步或多步冲压成形或组合的物品。另外，极薄的部件和需要精致的细部图案的首饰也需要用冲压工艺加工（图4-9）。

图4-9　冲压成形中空黄金童锁

机织工艺：机织工艺是用机械进行链饰品加工的方法。常见的有肖邦链、珠子链、十字链等，均由机械加工而成。机织链加工的主要工艺流程为：拉丝—制链—焊接—表面处理—装配—清理。机织链工艺的特点是加工批量大、效率高、款式多、质量好。现今市场上的项链类首饰大部分为机织工艺制造(图4-10)。

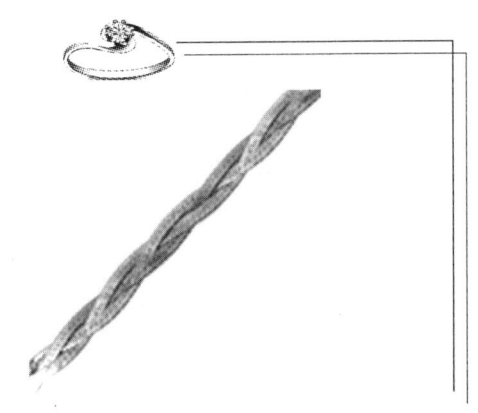

图4-10 机织三色K金项链

4.素金、K金类首饰的寓意、情感表现

(1)生肖、转运珠为什么在这几年销售得非常好，这是因为，该类款式是国人传统中的寓意信仰与戴金习惯的结合产物。在物质丰富的今天，它们已经成为人们一种信仰性的选择，这也和国人素金、K金类首饰的佩戴习惯有关系。在一般社交场合中，人们都会佩戴该类首饰。

(2)品类的意味：黄金象征富贵、避邪，铂金象征纯洁、永恒，K金象征时尚、潮流等。

(3)传统与现代寓意：传统的珠宝首饰造型有很多讲究，而现代人们将一些新的寓意寄托在素金、K金类首饰上。

5.素金、K金类首饰修饰效果的主要特点

(1)素金、K金类首饰的修饰作用各不相同。黄金重在色彩，铂金重在体现昂贵，K金重在时尚性特征等。

(2)素金、K金类首饰的搭配作用也有所不同。铂金因为是银白色，适合搭配各种颜色的服装，也比较适合不同的肤色。黄金的颜色比较适合温暖色调的服装，但在明亮的阳光下，与现代服装的"乱搭"特性也有吻合之处。

(3)K金的形态造型多变，而且颜色也多样，在休闲服饰流行的今天，方便搭配，因此深受年轻一族人的喜爱。

第三节 素金、K金类各种首饰的价值呈现方法

如何生动呈现素金、K金类项链的购买价值

项链是广受青睐的主要首饰之一,不论男女都可以佩戴。它的种类很多,可分为无宝项链和珠宝项链两大系列。素金、K金类项链称为无宝项链,是指没有镶嵌宝石玉石的项链。无宝项链的特点有"三多":基本造型多、花型组合多、质感样式多。

(1)基本造型多。但凡市场需求占比例高的首饰品类,款式花色就会表现得非常丰富。也正是因为需求带动了设计生产,所以创造出来了繁多的款式。现在素金、K金项链的款式可以说多如牛毛,成千上万。项链款式的多样性能够满足顾客审美的需求,但对导购来说则不一定很方便,可能会出现连款式的外形都很难说清楚的情况,个别时候连款式名称都无法归类。

首饰的快速发展,要求销售技术要跟上去。近年的首饰商品发展证明,设计与工艺是首饰艺术的恒久话题。设计利用工艺作为载体,工艺的发展还会促进设计的创新。理解设计更是需要长期的修养。对于销售者来说,想要把项链的价值呈现清楚,就需要掌握基本的项链造型构成。比如肖邦链(盒仔链)精致的线条,简单大方,适合多数套链的组合。

(2)花型组合多。可能没有哪种首饰像素金、K金类项链的佩戴环境那样多变,出场的机会那么多!有时,它是主角,单身一根挑起修饰佩戴者容貌的责任;有时它是配角,正因为它的出现,其他首饰才会有精彩的聚焦。项链的使用特点决定顾客的选择,顾客有些时候希望项链能够"百搭",即不论什么样的服装都能佩戴出特点;有些时候则希望出现"乱搭"效果,就是想要自己的个性突出;还有时候希望是粗犷的炫耀;而有时却希望展现骨感的气质。消费者所期望这些佩戴效果之所以能得以实现,是因为项链的花

型组合方式提供了无尽的选择空间。面对复杂的产品、多样的选择,导购对项链造型设计的理解力是能够影响顾客选择的关键性因素。

（3）质感样式多。不同款式造型种类所赋予佩戴者的是不同的质感。现代项链的设计不仅只是单一的造型,更是要不断去创新佩戴者多样性的气质。这种创新分为两种方式。一种是通过把不同造型、不同大小的造型元素组合起来,形成变化,这是无宝项链花型组合多的特点;还有一种是将表面工艺与造型组合起来,创造或明亮、或粗犷、或精致等的质感。例如同样是圆珠链,因为大小不同、表面是否批花等质感样式差别就非常大。镭射小珠链光面的质感非常精致,而批花链大珠的质感更显大方。无宝项链的质感创造手法常运用车花、批花、压花、磨砂等表面处理的工艺。

呈现素金、K金类项链的价值,需要有清晰的思路。首先是销售者要清楚用不同分类的功能特征去满足顾客的需要;其次是导购要清楚不同造型元素名称,这样可以清楚地让顾客了解自己将要选择的是什么;第三是能够运用五步说明法将产品的特性与好处表达明白,同时运用产品的展示方法给顾客留下深刻的印象。

呈现素金、K金类项链的价值还需要有实战的方法,以提高顾客的认知速度,为提高成交效率打下基础。项链特性展示方法与动作是基础的方法,直接影响顾客的感知。在初期展示阶段,用自己的手背来模拟顾客皮肤,将项链放在手背上进行展示,烘托出项链与肤色的搭配感,这是初期展示的方法之一。而在顾客选择的阶段,展示产品的良好品质时,把条链在手中团成一团再展开,用每节项链是否打结来展示项链使用时会出现的情况,这是可以让顾客马上联想到使用的一种展示方法。这些实战的展示方法的目的是营造顾客体验,让顾客先体验产品,从体验的角度触发顾客购买的热情。

满足顾客需要的基础条件,是了解无宝项链的种类与功能作用

无宝项链分为三个大类。

条链:指无吊坠、挂件的单条项链,以黄金、铂金、K金为材质,适合不同场合与服装,方便佩戴。其中花式链款式式样变化很快,由各种不同夹细巧花样组成;也有用粗犷的链身加变化多端的点缀碎花组成;还有的是与珠宝结合,更显华丽。

套链:指与吊坠、挂件配成一套,同时又可以分开组合佩戴的项链。款式较多样,适合多种场合。吊坠、挂件的材质往往也以与项链材质相同为原则,如黄金、铂金、K金等材质。双套链和三套链的加工工艺复杂,但立体感强,雅致美观。

链牌:指与挂件连为一体的项链,多为套装系列款式,适合单独佩戴。

无宝条链类有几百种,变化是在几种基本造型间组合,只要掌握基本造型的特点就可以融会贯通,理解其多样的变化形式。

基本项链造型的分类如下。

实体链,如元宝链(图4-11)、批角链(图4-12)、瓜子链(图4-13)、短竹节链(图4-14)、米字花链(图4-15)等。

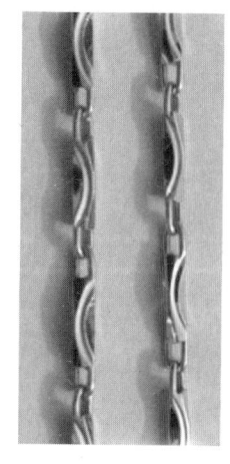

图4-11　元宝链　　　图4-12　批角链　　　图4-13　瓜子链

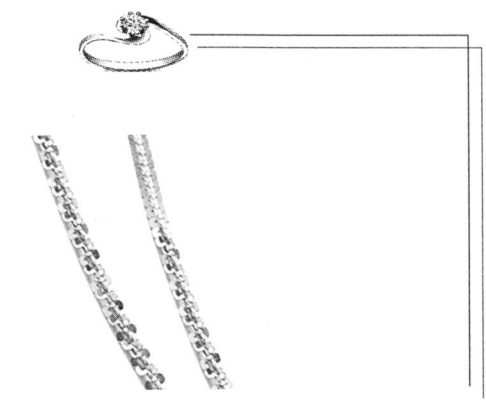

图4-14　短竹节链　　　　图4-15　米字花链

空心链：如圆珠链（图4-16）、橄榄珠链（图4-17）、六角、八角链（图4-18）等。

图4-16　圆珠链　　图4-17　橄榄珠链　　图4-18　六角、八角链

片状链：如扭片链（图4-19）、日字链（图4-20）、心连心链（图4-21）等。

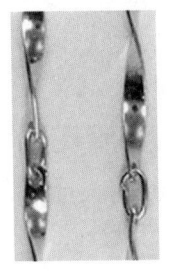

图4-19　扭片链　　　图4-20　日字链　　　图4-21　心连心链

编织状链：如卍（万）字链（图4-22）、侧身链（图4-23）、水波纹链（图4-24）、肖邦链（图4-25）、盒仔链（图4-26）、蛇骨链（图4-27）、麻花链（图4-28）等。

图4-22　卍(万)字链　　图4-23　侧身链　　图4-24　水波纹链

图4-25　肖邦链　　　　图4-26　盒仔链

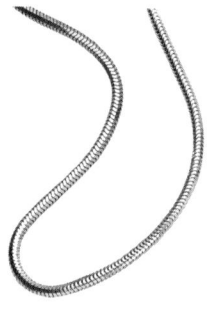 

图4-27　蛇骨链　　　　图4-28　麻花链

无宝石类项链的尺寸类型如下。

粗细直径:0.8毫米、1毫米、1.2毫米、1.5毫米、2毫米、2.5毫米、3毫米、3.5毫米、4毫米、4.5毫米、5毫米、6毫米,大于6毫米。如图4-29所示。

细直径:0.8毫米、1毫米、1.2毫米、1.5毫米。

中直径:2毫米、2.5毫米、3毫米、3.5毫米。

粗直径:4毫米、4.5毫米、5毫米、6毫米,大于6毫米。

图4-29为从左到右由粗到细(mm)无宝石类项链粗细展示。

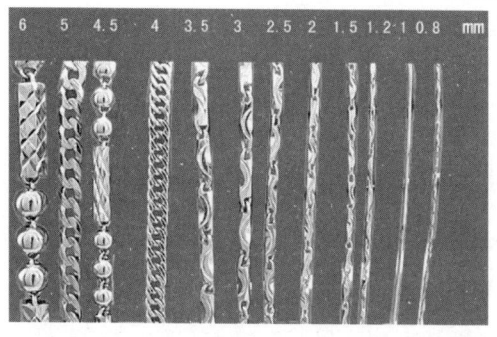

图 4-29 无宝石项链粗细尺寸

长度尺寸:

(1)14英寸,35～40厘米,刚好绕脖子一周的长度,能重点突出脖子曲线细长。

(2)18英寸,约45厘米,正好悬挂于锁骨之下约1～2厘米,是最常见的长度,这类又称为公主项链长度。

(3)24英寸,约60厘米,下端正好在V字领的开口处,又称为深V字项链。如图4-30所示。

图 4-30 项链长度示意图

(4)28～30英寸,71～80厘米,属于长项链,多戴在衣服外面。

(5)42英寸,106厘米,是三串14英寸项链的长度。

项链修饰脸部效用的呈现方法

项链佩戴的位置是视觉的焦点,项链佩戴后对脖子的形象、脸形的衬托以及肤色的颜色、亮度都会有影响。项链的修饰作用,主要发生在视觉改观方面。一方面,人的视觉在项链色彩、亮度的影响下,会改变对脸部及皮肤颜色的感觉;另一方面,项链的材料特性、造型以及佩戴后所形成的线条造型,也会对佩戴者的脸部形象及身材感觉产生影响。利用视觉原理能够正确选择项链,获得令人愉悦的感官效果。

1. 修饰脸、脖、体形和肤色的作用

项链长度对脖颈的修饰作用主要是改变纵向视觉效果，使佩戴者在纵向视觉上给人以挺拔的感觉。短粗项链的佩戴效果，如同在脖子上有一条横线，这条在脖子上形成的分割线，会使脖子显得短；细长项链的线条效果是深 V 字形，就会使短脖子有拉长的感觉，引起的视觉方向有向下垂挂之感。脖子粗短者，适合戴细长的项链或带有挂件的项链；脖子细长的人，适合佩戴颈链、项圈或粗短型项链。项链的吊坠形状应和体形协调，原则是与体形对应而尽量避免反向感觉。如身材瘦长者佩戴仿丝链，更显玲珑娇美；体形宽大者适合粗实成熟的马鞭链等。

脸形有圆形、方形、三角形、瓜子形、细长形之分。项链的选择原则是：线条和吊坠链牌的基本造型不能与脸形相同，相同就会有夸大脸形的风险；而选择不同的链型就会有改变脸形的效果。圆形脸不宜戴项圈或者由圆珠串成的大项链，圆形线条给脸形的视觉印象如同一串圆珠。圆形脸者适合佩戴长一点或带坠子的项链，利用项链所形成的"V"字形角度来使脸部的视觉长度有所改变。方脸形，戴项链就可以缓和其脸形的方正线条。其佩戴的链型和挂件应避免菱形或方形。三角形脸适合佩戴长项链，有利于改变下颌宽大的印象。长脸形适合戴短而粗的项链、套式项链、项圈。脸形窄长者适合戴浅色的、闪光的项链，可以使面部显得丰满并可增添几分活泼的气息。

肤色对人的视觉感受印象最为深刻，项链本身的颜色和亮度能对肤色起到调节作用。皮肤白皙细腻者，佩戴任何颜色的项链都会好看，会将皮肤衬托得更加完美。任何颜色的项链，在白色皮肤的对比下，都会更有光彩。肤色深者，不宜佩戴浅色调的项链，因为在浅色项链的对比下，肤色会显得更深。明亮的反光可以提升肤色的亮度，皮肤亮度不足者可以选择光身工艺的项链，而肤色亮度高者,则戴黄金、白金、钻石项链都容易相配。

2.场合环境的适应性作用

项链作为基本首饰构件,在不同场合下佩戴是一门很有讲究的艺术。穿职业装如选精致的项链来配合严谨妆容,则着职业装也可以展现女人韵味。健身运动时,大方的、简单造型的项链可以起到柔化作用。约会时更要讲究,可以用双套链来表现年轻活泼的气质。休闲时换身装扮,可提升你由内至外的高贵气质。出席任何宴会场合时,都要求所佩戴项链有永恒、经典、无尽优雅的气质。项链能在衣着方面增加层次感,让你成为众人瞩目的焦点。旅游时,T恤衫搭配牛仔裤将花型项链系在颈上,时尚感立即呼之欲出。需要展现女性魅力的场合,深V领口裙装搭配长长的项链,将令颈项生辉,迅速打造优雅而成熟的整体风格。

3.搭配服装和其他首饰的气质塑造作用

项链与服装搭配可以塑造多种多样的气质类型,项链款式与不同服饰配套时更要符合比例相配的原则,而项链的色彩感可以烘托出佩戴者可接近的程度,如冷淡与热情等。

首先,项链长短粗细尺寸要准确。衣领较高时项链尺寸不要太长,以露出挂件为原则;一字领羊毛衫,以只戴项链不戴吊坠挂件、花式项链为原则;三翻领及高领羊毛衫、绒毛衫,项链戴在衣服外面,以尽量选择长的套链为原则。

其次,要考虑以装饰效果为主导,服饰来配合的原则。在需要露出挂件的情况下,项链就不宜太长或太粗;要以项链的美观展现主导为原则,注意服装款式的配合。一个女性应该拥有尽量多的项链。如果是戴黄金套链,服装尽量以暖色调为主;如果是红色套装,配上一条黄金项链,就会显得热情洋溢,适合出席喜庆宴席等场合;如果穿天蓝色涤纶乔其纱连衣裙,配上一条铂金项链,会显得温柔开朗,妩媚多姿;有时在紧身的运动裙服上,配上一条金项链,也会使你更加轻盈活泼;如果穿上一件连衣裙,配上一条珍珠项链,会使你充满明朗凉爽的气息;如果一身洁白色的服饰再配上红色的珠链,将显得更加俏丽而富有魅力。铂金可以"百搭",K金项链在与服装搭配时要注意花型应相近。

第三,是要将项链的质感与不同服装质料相匹配的原则。不同款式与不同服装质料相匹配时会产生不同的效果。轻薄的服装质料要配精致轻巧的细项链;厚重的质料要配端庄的粗项链;丝绸服装,选动感强的精致、细巧的项链,看上去会更加动人。项链的颜色要与服装的色彩成对比色调为好,这样可形成鲜明的对比。单色或素色服装,佩戴色泽鲜明的项链,首饰会更加醒目。色彩鲜艳的服装,如佩戴简洁单纯的项链,不仅不会被艳丽的服装颜色所淹没,而且可以平衡服装的色彩。项链要与其他首饰成套系搭配,如果服装本身就有很多的装饰物,那么项链应选简单款式,以避免花式项链重复修饰。

从三个基本要素理解素金戒指类首饰的销售特点

素金戒指主要指的是黄金或铂金材质的戒指。其是金银珠宝店中比较早出现在人们消费领域的品类,人们对其形成了习惯认知,在选择时往往自主选择性比较强。适应顾客选择与引导顾客选择在素金戒指销售中并不矛盾,关键是能否将人们熟知的产品价值更加专业性地呈现出来。

顾客选择素金戒指的方式有三个基本要素:根据具体使用目标确定品类,根据佩戴需要与金价确定购买的金重,根据自身特点与喜好选择样式。销售素金戒指时的呈现方式应顺应顾客的习惯进行产品推介,同时进行专业引导。

专业呈现从款式分类名称开始,进而运用五步说明法,结合现场展示法让顾客体验。

素金戒指材质分为黄、铂金,款式分类相近,品类名称基本相同。素金戒指基本上分为：花戒（包含花丝女戒、仿钻女戒、油压女戒）、蛇肚戒、条戒、方戒（男戒类）。

顾客在购买素金类戒指时，多已经先有消费计划，花多少钱、买多重的货品，在顾客的需求中一般都有明确要求。而且顾客对金重的选择是在市场金价与佩戴美观两者之间进行衡量的，两个方面都会对选择发生关键作用。在金价大幅变动时，导购有时需要对顾客就金价进行解释。而顾客对首饰金重的选择也多有一定的范围，比如有的顾客认为三件套装总重须在50克以上，如果在这个范围内没有合适的商品，顾客就会另寻他店。在这样的情况下，对每件素金首饰的金重，导购不仅需要记忆，更要能够推荐组合产品让顾客满意。所以素金销售，考验的是导购的组合安排能力，即在纷繁的产品品种中为顾客找到最佳组合。

素金首饰商品虽然传统，但一样是在人们多年审美苛求下发展起来的首饰体系。属于顾客熟悉的商品品类，顾客会根据自身特点与喜好来选择样式。顾客的选择一般有两个基本条件：一是自身的体貌特点，另一个是自己的喜好。在这两个条件之间进行综合平衡或突出特点，是素金首饰销售的基本条件，也是导购专业性的表现。在呈现素金商品时，要考虑顾客不同年龄的消费特征，以在顾客喜好的素金商品中找到适合的款式。可以进一步说明，没有最好的，买素金就是买最适合自己的。

【素金戒指的呈现示例】

素金戒指分为如下几类。

图4-31 双心形花戒

1. 花戒（图4-31）

造型呈现：花戒具有可爱的形状，属比较有个性和特色类的戒指。这枚花戒是双心形图案，花型一大一小，一空心一实心，巧妙地与中国传统阴阳文化暗合。同时戒臂也用镂空方式,造型轻巧活泼。

工艺呈现:素金花戒多用模铸、油压工艺制造而成,表面常融合仿钻车花增加闪亮。有些还用钉砂工艺形成质感反差,目的也是突出闪亮感觉。

修饰特点:款式多,适合与日常的服饰搭配。这枚双心形的女戒花饰简洁,适合日常工作与休闲时佩戴。

寓意呈现:花本身是热爱生活的象征,这枚双心形花戒寓意甜蜜的情感经历,活泼造型寓意年轻的心态。

2.条戒(图4-32)

造型特点:条戒以条形指圈为造型特点,条形的戒面上刻花纹或图案,线条正直大方。

图4-32 车花条戒

工艺呈现:是用手工或机械捶打而成的,经抛光或者磨砂表面处理,用车花工艺在戒面形成各种花纹图案和不同的质感效果。

修饰特点:简约造型不受年龄和人群限制,方便佩戴,总有随意与休闲的意味。

寓意特点:是向往生活方式简单人群的首选,图案抽象,多用图腾式的图形象征情感寓意。

3.蛇肚戒(图4-33)

图4-33 蛇肚戒

造型特点：款式经典传统，不会过时。线形简单，日常佩戴时感觉柔和，款式大方。车花图案可以有较多选择，款式特点中性，男女都可根据自己的需求进行选择。

工艺特点：传统的抛光亮面工艺让蛇肚戒显得圆润，有时加上车花图案点缀，图案丰富多变。

修饰特点：沉稳大方，简约稳重而不张扬。几乎可以在任何场合佩戴。

寓意特点：生活圆满，事事顺心。因制造容易，工费低廉，是比较好的保值商品。

4.方戒（图4-34）

图4-34 带字男方戒

造型呈现：个体较大厚重，单面或多面为方形，多为男士或个性人士设计的戒指。

工艺呈现：与一般戒指不同，整形时要使用专门的方戒整形工艺，戒面有时运用批花工艺刻出图案，闪亮的感觉就会比较强烈。图片中则是运用油压工艺制作出来的图案。

修饰呈现：稳重，身份象征，大方的男性化特点。

寓意呈现：事业稳定，四方财运。

形饰工意结合说明素金吊坠、吊牌优势

吊坠也是黄、铂金产品的主销品类，但两者的时尚趋势有较大的区别。黄金材质吊坠款式在保持中国传统特色题材的基础上，造型图案诠释方式往往被流行元素的变化所左右。而铂金吊坠则因为是白色的缘故,造型设计向仿钻闪亮款式方向变化(图4-35)。这真是一个非常有意思的变化,难道是顾客消费习惯变化为喜好黄金款式像铂金款式,而铂金款式又像钻石款式?其中的原因是黄金类的首饰一向是中国传统文化图形的地盘,但中国文化从不排外,把外来文化中一些美妙的题材也纳入现代珠宝首饰设计中来,这正是中国文化融合力的表现。当看到一些国外动画卡通元素也演变成为送给儿童的吉祥祝福首饰题材时,就是最好的例证。仿钻闪亮作为白色贵金属首饰时尚美丽的特征之一,目前几乎成为大众类产品的购买标准。当白色首饰产品的造型设计潮流成为时尚导向时,也会影响到黄金首饰的设计发展。

图4-35 铂金仿钻吊坠

吊坠的设计制作受到消费者购买预算的制约,制作时应十分注重单件产品的重量。这就造成素金类吊坠力求在顾客预算采购重量范围内制造体积大、形象可爱的款式。素金吊坠产品的款式形态被人们的消费习惯所左右,顾客认同的图案主要为生肖、卡通、动物、植物形象,传统吉祥物,流行文字,海洋生物,花朵等。如果按使用目的分类,有女装吊坠、男装吊坠等类别。

如果从观感的角度看,吊坠的造型可以分为几种简单类别:流线形、上小下大的水滴形、上大下小的心形、两头小中间大的橄榄形、圆形、几何图形(方形、三角、四角、六角)、葫芦形、花瓣形、树叶形、弦月形、扇形、V形等。这种图形分类方式的好处是发挥吊坠对脸形的修饰作用,通过建立脸形修饰模型,就可以根据顾客的脸形找到适合的吊坠。

吊坠佩戴在人们的消费意识里,图案寓意功能较强。顾客常因为本命年避邪、开运、祝福等需要而购买,这种需要的特点,导致顾客最先注重的是吊坠图案的寓意,其次才是美观的购买方式。对销售者来说,应该尊重顾客的购买方式,导购呈现产品前应了解顾客的需要,同时能清楚说明不同造型产品的寓意,帮顾客找出几种相同寓意的产品,使顾客有更多选择的范围。

生肖类吊坠特点与呈现角度

生肖类吊坠(图4-36)主要用于满足佩戴者吉祥安康、出生纪念等方面的需要及顾客送礼祝福的需求,生肖吊坠的佩戴对象集中在儿童和年轻人,顾客采购目的明确,所以要求款式突出可爱、时尚等方面的特点。

1. 从生肖吊坠生产工艺的角度分析

成品主要有空心、镂空、单面、实心等几种类型。空心型并非是模铸成空心,而是用金片分别油压成正反两块原料,然后焊接成形的。空心吊坠在两金片的结合处一定有一条焊接线,如果这条焊线中有裂开、空焊缝,则说明产品有明显的质量问题。镂空制造是在金片上冲压出一定形状中空的图案,以减少单件产品的用金量。

图4-36 虎生肖吊坠

这种方法让产品图案在发生变化的同时,也降低了顾客采购成本。单面类产品通过油压成形,立体感一般,成品重量比较适应顾客的需要是其最大的特点。实心类的产品多用倒模、油压制造,成品的重量远高于其他类别,而且比较厚重的大多制成吊牌。

生肖类吊坠的表面处理主要运用钉砂加批花组合,喷砂加光面组合工艺,加工工艺质量体现在细节协调、美观上。其中钉砂加批花组合,讲究的是钉砂大小、密度与批花刀路的长短、宽窄协调匹配,比例适当。而喷砂加光面组合,光面要求比例秀丽;为防止喷砂面在佩戴中被损伤磨光,要求喷砂面尽量在凸边的保护之下。

2. 生肖吊坠的造型特点

以十二种动物图案为主题的吊坠,主题永远不会变化,变化的只有图形的风格。图形风格是可以变化的,因为不同的消费人群对风格的接受程度是不一样的,在适销对路的原则下货品又会发生作用。如果从现有产品类型角度去认识生肖吊坠的风格,可以分为传统风格、时尚风格、豪华风格、个性风格。

传统风格的生肖吊坠多按传统标准图形设计,生肖图形比例逼真,线条刻画极为细腻,如同国画工笔技巧一样,讲究写实风格。

时尚风格的生肖吊坠设计手法主要从图形抽象、线条简约化方面实现款式的多样性变化。图形抽象往往多为一些头大身小的比例方式,形态与卡通形象接近,让整体造型近似于心形,适合于多数人的脸形。线条简约化处理,能比较方便地运用钉砂、批花、光面等工艺,感觉自然,无拘无束。

豪华风格的生肖吊坠设计以厚重感为目标,运用实心制造工艺。为了追求面积宽大,常制做成吊牌。线条的刻画细致丰富,把工艺制作水平发挥到极致。

个性风格的生肖吊坠往往体现一个品牌的形象,款式多为推广概念款式,造型的视觉冲击力强。成品形象夸张抽象,多以少见的造型突出张扬的个性。这类风格或以大、另类为目标,观赏性强,吸引顾客眼球,但是性格中庸的消费者不一定会购买。

3. 生肖吊坠的修饰作用

生肖吊坠的适戴人群年龄段比较宽,从儿童到中年人群是主要购买对象。生肖吊坠的修饰作用对儿童来说,以寓意适合为主,较少要求修饰效果;对年轻男性,可用适当的厚重吊坠体现粗犷气质感;对女性,应以风格与服饰搭配为导向,以整体形状配合脸形为基础。生肖吊坠因为只有风格不同,没有主题不同,女性消费者选择常戴的吊坠时,应推荐时尚风格类型的产品。这类吊坠整体形态以流线型为主,适合多数脸形秀丽的女性。而对国字脸形、三角脸形适合推荐传统风格的产品。豪华、个性风格产品应推荐给那些性格张扬的顾客。

4.生肖吊坠的寓意

人们赋予生肖类首饰十二个不变的主题,但经历岁月的流传与无尽的想象,留下的却是千变万化的寓意。生肖形象手中的铜钱、元宝、摇钱树代表财富;生肖穿戴的官服、玉带等表示官运;戴博士帽的寓意学业有成,如果是送给高考学生则有考中名牌大学的含义。只要生肖首饰有外形上的变化,每款的寓意就会截然不同,这说明生肖首饰的造型决定寓意。下面就各种生肖常见的造型与寓意进行说明。

子鼠:鼠的形象有智慧超群的含义,是十二生肖之首,寓意开天之作。立鼠形象饱满,寓意财源亨通、食物丰富;觅食鼠形象有创造财富的含义;鼠在花生上代表生意兴隆;群鼠代表多子多福、还有长寿的含义。

丑牛:牛的形象有勤劳的含义,与鼠相对,寓意辟地。传统牛形象代表讲求实干;牛着服装的形象代表衣食无忧,官运亨通的含义;卧牛形象寓意悠闲的气质、生活的富足。

寅虎:虎的形象有勇猛的含义,寓意健康、开拓能力强。笑面虎形象代表极具亲和力,是一种福虎;下山虎形象代表猛虎出山、威震四方的含义,比较适合送给刚出生的儿童;上山虎形象代表虎虎生威、开拓事业的含义,适合送给年轻人;卧虎形象代表卧虎藏龙,有性格内敛、含蓄稳重的寓意;站立虎形象有威仪八方、乾坤在握的含义;跑动虎形象则寓意目标明确、胜券在握。

卯兔:兔子形象代表谨慎,有心细如发的含义。吃萝卜是兔子类首饰常见形象,寓意可爱、聪明、健康成长的含义;奔跑中的兔子形象代表追求理想而前进、灵活的含义;正面兔子形象可爱,有祝福佩戴者为人乐观、生活无拘无束的含义。

辰龙：龙的形象代表刚猛有力，传统、权力的寓意。飞龙形象代表龙鸣震宇、一飞冲天，有事业顺利的含义；盘龙形象面带福贵相，是权力在握的象征；腾龙形象如同驾雾，寓意旭日东升，事业蒸蒸日上；卧龙代表蓄势待发；龙含珠代表富贵；龙与凤的形象有天作之合寓意。

巳蛇：蛇的形象代表柔韧，民俗称蛇为小龙，有迅猛的寓意。盘蛇形象代表周密思考力，敏锐观察事物的寓意；缠树蛇形象代表温顺可爱的寓意；曲线蛇形象代表立定志向，勇往超前的寓意。

午马：马的形象本身有一往无前，直奔目标的寓意。首饰形象多用美术大师徐悲鸿的奔马形象，但也因为太多人熟悉的原因，这类形象反而少了些创意。而那些比较卡通化的马形象更为消费者喜爱，代表任劳任怨、乐观工作的寓意。

未羊：羊的形象代表和顺的寓意。羊的形象寓意往往借助细节来表现，"羝羊"是挥舞双角的公羊形象，主要表现羊性格中刚强的一面，寓意进取；长胡子羊形象代表长寿；三只羊代表三阳开泰的含义；如羊脚踏金钱，则寓意掘地得金。

申猴：猴子形象代表灵活智慧的寓意。猴与侯同音，猴骑在马上代表马上封侯；坐猴形象代表有领导力，是官运的寓意；摘桃的猴子形象有祝福长寿的含义；上树猴子形象寓意进取，象征官运长久。

酉鸡：鸡的形象代表恒定的寓意。公鸡形象正在昂首打鸣的，寓意天明见日、天天好日子，是好运当头的意义；小鸡形象寓意快快成长，比较适合儿童，寓意健康快乐。

戌狗：狗是代表忠诚，坚持原则。牧犬形象寓意驱除邪恶；勇猛的犬造型是吉利的象征，寓意事事顺利；卡通狗形象可爱，寓意福气。

亥猪：猪是代表随和的寓意。猪拱槽的形象，民间俗称为财运

滚滚来;笑面猪形象代表来财。

如何呈现仿钻形吊坠的特点

所谓仿钻形吊坠(图4-37)主要特点是在表面加工时专门在圆形上运用车花工艺,所形成的亮面是比较规则的放射形,如同钻石的切磨刻面,类似于钻石首饰的效果。仿钻形吊坠早期是在铂金首饰中应用,利用铂金的白色和金属光泽形成类似于钻石首饰的闪亮效果。这种仿钻形的效果为铂金消费者所喜爱,从而导致闪光型首饰流行,并在黄金等首饰中也开始大行其道,成为素金首饰的一个类别。了解仿钻首

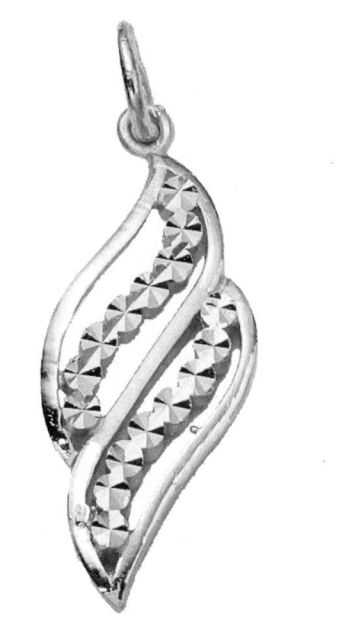

图4-37 黄金仿钻形吊坠

饰类别产生的渊源,就会发现仿钻首饰的造型特点是仿钻石首饰,而款式的变化也紧跟钻石首饰的流行趋势。

造型特点:仿钻形吊坠的造型特点是模仿钻石的切工效果,吊坠的花纹图案抽象。图形以钻石首饰为蓝本,青出于蓝而胜于蓝,变化更多,图形也更加舒展,主要图形有水滴形、树叶形、抽象S流线形、多边形、飘带等加上仿钻石的花。仿钻有单钻形、单列钻形、排钻形、副钻围单钻形等形状,与钻石首饰款式对应。

修饰作用:仿钻形吊坠的修饰亮度强,而闪亮的视觉效果容易与服饰搭配,容易形成亮点与服装织物面料形成对比效果。对皮肤的色泽也有良好的提升作用,会显得肤色更亮、更白。流线形适合各种脸形,突显女性的柔美。水滴形比较适合东方女性的瓜子脸形,表现出尊贵的气质。树叶形有修长脖子的效果,更显女性的"骨感"。而多边形吊坠以时尚为卖点,适合与个性的服饰搭配。

工艺运用:钻形花纹是在金属的圆形表面以车花工艺制造,可

从刀纹规则程度和闪亮效果评判其工艺质量。刀纹规则是指车花刻面大小均等、刻深一致、角度平均、车钻花的圆心正好在中间位置,没有偏离圆心的感觉。闪亮效果是指刻面致密,反光非常强烈。仿钻形吊坠的其他表面常结合亮面工艺制造,运用了压花、抛光、电镀等工艺,这些表面处理以没有凹点、无未处理点为基本要求。

意境作用:闪亮的寓意就如同观感一样是创新,寓意期望新的生活方式。仿钻形吊坠适合在多种环境中佩戴,表现出不同的气质。单钻形简单,与简约的气质十分搭配;单列钻形线条感强烈,适合注重自己体貌的消费者修饰个性气质;排钻形、副钻围单钻形的吊坠天生就有富贵奢华的含义,在婚纱、礼服着装的场合会有最好的表现。

花形吊坠的呈现特点

花形吊坠(图 4-38)在素金类中属于比较传统的类别,在素金吊坠中占很大的消费份额。花形因为花蕊、花瓣比较复杂,制造相对有一定难度,主要用黄金倒模制造。因为铂金、K 金的白色并不适合象形的花形首饰表现花朵多彩多姿,单件的重量相对时尚款式产品要高很

图 4-38 黄金紫荆花花形吊坠

多,所以目前花形吊坠的主要制造材质是黄金,基本没有镶嵌宝石的款式。

造型特点以象形的花形为主题,外表轮廓清晰。花形图案主题并不多,主要是人们在日常生活中看到的花朵,花形吊坠图案主要是以紫荆花、牡丹花、玫瑰花为主,其他花形比较少见。花形有立体与浮雕两种模式,现在主要是立体花的吊坠占绝对的市场份额。紫荆花有两、三层花叶,花蕊数量较多。牡丹花的花瓣也有两

三个层次，花瓣圆边有较尖的内凹。玫瑰花形的花朵腰部表现为内收模式。花形分辨清楚是呈现的基础。花形吊坠的线条围绕花蕊，形成目光焦点作用。花瓣的线条圆润，表面变化扭曲，是一种自然的美。

修饰作用：花形吊坠图形可爱多变，方便与休闲、淑女类服装搭配，显示佩戴者的活力。花形吊坠的向心作用明显，有聚焦的作用，容易吸引目光。花形吊坠的立体感强，适合较多种脸形佩戴。花形吊坠的层次分明，没有造型上的缺陷，属于中性首饰，不论体貌胖瘦佩戴都比较适合。

寓意导向：花形吊坠优雅美观，欣赏者具有向往自然的审美观。自然的花朵寓意体现朝气蓬勃的活力。牡丹花造型吊坠寓意富贵、高尚，适合成年女性。玫瑰花造型吊坠寓意一往情深，是求婚的礼物。

心形吊坠（葫芦形、橄榄形、水滴形）的特点

心形吊坠是指外形模仿心的形状制作的吊坠。心形吊坠的设计，造型线条柔和，图形对称性强。传统的心形吊坠以"映底"作为分类的标准，"映底"是指吊坠结构分为两层，分别是用整块材料做底板封底层和线条网状材料做镂空层，通过焊接联结在一起，目的是要突出底板上用车花工艺刻画的图案以及镂空层的立体感。"映底"型吊坠面市时间较长，在现在人们的消费观念里认为它是传统的产品。"映底"吊坠无论是图案还是造型都中规中矩，比较适合与那些含蓄气质的服装搭配。而无"映底"的心形吊坠不设底板图案，以整体造型变化为重点，采用多种工艺制造出精美的整体外形。美观大方，适合与各种服装搭配，特别是深色服装最适合与心形黄金首饰搭配。用心形来代表对某人或某事的情感寄托，一般多代表爱情等。

卡通图案，是指可爱活泼的卡通人物或动物形象图案。运用油压、模铸等工艺制造,要求图案形体特征把握准确,工艺精细,突出个性特点。可体现佩戴者年轻、阳光、聪明、活泼,此类图案对年轻一族有较强的诱惑力。童年的天真与单纯,寄予人们对生命的珍惜与热爱。

带穗的吊坠是在主体造型基础上附加穗状装饰物。是把主体用模铸工艺制造,穗链部分用机织工艺加工,然后焊接成一体。加工十分精细,成品层次感强。一般运用多种工艺加工成各式复杂的吊穗,飘逸大方,活力四射,适合年轻一族佩戴。带穗吊坠庄重而不失典雅,给人以活泼感和积极向上的人生态度。

如何呈现传统吉祥吊坠

方牌,在方形牌上加工出龙虎凤等传统吉祥图案(图4-39),也有是用可爱的卡通造型,甚至有一些用漫画风格的图案。方牌因图案、大小不同,男女都可以佩戴。方牌用模具高强度油压而成,加工中耗金较少。表面图形加工要求工艺精细,部分图案甚至是用手工批花而成。男性用的龙牌寓意豪气大方,显示身份,多代表男士的

图4-39 黄金传统方牌吊坠

阳刚之气及寓意富贵吉祥等。比较完美的方牌比例是长八宽六,可与现今服装完美搭配。

佛公、观音、关公、财神等传统图案。传统的寓意形象,近似人物造型,属于人们熟悉的图案。要求模具加工细腻、准确。这类首饰把做工、观感放在第一位。传统形象类饰物,适合在各种环境佩戴。寓意祈求对身体、生活和工作的保佑,精神的安抚。

龙柱、斧头、花生、葫芦、转运珠、十字架等寓意坠,运用以形象事物寄托情感,希望能够给自己带来好运的装饰类饰品。多为空

心,要求工艺精细,辅以批花,刀工要求细致。灵活多变的形象,适合大众群体。花开富贵寓意好运连连、好生养、有权力等。

锁包、儿童套装等。传统造型图案,线条复杂,多为空心,是冲压两片后焊接而成,接口工艺要求光滑、无疵点。寄托对下一代的祈福,寓意重于外观。寓意为儿童祈福,希望能够健康成长,长命百岁。

如何呈现精美的素金手镯?

如果有人说只有买了黄金手镯后,结婚的套装首饰才能算是置办齐全,这一点都不奇怪。黄金手镯属于比较传统的消费类别,是婚饰不可或缺的部分。但这是不是说黄金手镯只在结婚时才可以戴呢?并非如此,而是只要戴上就不会想再取下来。只有你戴过素金手镯(图4-40),才会体会到爱不释手的感觉。

图4-40 黄金花头手镯

手镯有很多的类别,可以适合不同的佩戴者。对于即将举行婚礼的女性,镶红宝石的龙凤对镯会让你成为人们羡慕的对象;如果年轻女士日常佩戴宽幅手镯,会让你如同模特般惊人亮相在职场;对于可爱的宝宝,母亲甚至可以自己动手,用红绳串几个生肖、长命锁包,做个儿童手镯给孩子。如果不想自己做,有现成带铃锁的黄金儿童手镯可以选择。通过以上消费者的购买分析,素金手镯的功能可以分为结婚手镯、时尚手镯、时装手镯、儿童手镯。

素金手镯的款式有几种。因为金重是素金手镯要考虑的问题,为了用较少的金料制作更大的手镯,将素金手镯用油压成形的空心工艺制成,所以素金手镯也就有了空心与实心的区别。同时因为是否需要调节圈口大小,也就按照顾客的购买习惯又有无扣、推拉扣、开合扣之分。无扣素金手镯外表圆滑,佩戴时不用担心有扣的一面会出现在人们的视线当中。推拉扣(牛鼻扣)的手镯,圈口尺寸的大小可以调节,方便佩戴。如果按照表面加工工艺的区别,可以分为光面镯、车花镯、倒模镯、油压镯等类型。素金手镯类型可展现出多样性,对不是很专业的顾客来说,摆在顾客面前的问题就是:买什么样的手镯适合自己?从终端的销售经验方面分析,选择黄金或铂金手镯,关键看顾客的使用习惯、佩戴场合、个人审美观等几个方面的因素。例如顾客购买的黄金金重在30克以内时,要求是款式的面显得宽大,可以选空心手镯或者油压制造的宽体手镯。而如果顾客是想经常性佩戴,可以选实心手镯,好处是不容易变形。如果想要有多彩的时装效果,纯洁的铂金、丽彩的K金也是很好的选择。

在呈现素金手镯时,可以从以下几个方面考虑

素金手镯的造型特点:素金手镯的整体造型会让佩戴者显示或富贵、或婉约、或自由的气质,这些可以通过黄金手镯横截面宽度的差别体现出来。横截面宽大的给人以隆重、富贵感;而横截面窄小的流线型手镯,具有强烈的时尚感;而中等宽度的手镯更适合女性展现自己的自由气质。手镯表面造型有花头形、规则车花形、仿钻形、有字形、龙凤图案形等为主要图案。车花图案形、仿钻形、有字形主要运用表面的花纹来展现美丽,花头形主要是运用立体造型来展示自然美,而龙凤手镯以传统图案的绚丽展现华贵。

素金手镯的意境效果:从素金手镯的造型到手镯寓意的桥梁,是人们传统意识里对美好愿望的向往。推荐花头镯时,如果是牡

丹花,花开富贵是最好的寓意;如果是紫荆花,锦上添花寓意好运连连;戴在手上也有步步生莲花的寓意,形容姿态轻盈。花头与圆镯,也正合传统花好月圆的寓意。龙凤镯则是百年好合,天作之合的寓意。车花的花纹比较规则,没有形象图案作为象征元素,只用线条、刻点制造块状图案,正是因为图案被抽象化,这类产品的消费者主要看重的是能否满足其时尚方面的需求。

素金手镯的修饰作用:手镯与其他首饰相比,重量和体积都是比较大的,能迅速吸引他人的注意力。在这种情况下,不论手镯是否漂亮,都会对佩戴者体貌的优缺点放大。注意力被影响有三个关键性因素,即消费者的肤色、着装习惯、佩戴场合(适合性)。从服饰搭配的方面分析,颜色的修饰作用:肤色越白适合服装种类越多,所以很多人期望通过首饰让肤色更白。这种想法是好的,但肤色来自遗传,没有方法改变,可以改变的只有塑造一种适合自己肤色的气质,这恰恰是珠宝首饰所能做到的。素金颜色可用来塑造自己的肤色气质,把自己的个性形象比较张扬地表现出来。素金类手镯的外形接近,颜色因材质不同,修饰效果有比较大的区别。铂金的白色,明亮耀眼,肤色偏白者佩戴,有提高肤色亮度的作用。黄金的颜色一直都是国人的偏好,如果肤色偏黑,则适合选择黄金或者K金的手镯;肤色偏深红的,可以把深色当作一种个性特征,运用黄金来突出肤色的细腻质感。

【车花手镯的呈现特点示例】

车花手镯的整体外形与光面条镯的宽度相近,手镯表面车花图案的闪亮效果赋予传统黄金手镯以现代感,因为顾客的喜爱程度较高而成为手镯中的畅销品类。顾客对传统而又畅销的黄金首饰特点比较熟悉,而熟悉的特点又容易激发顾客的共鸣。呈现说明车花手镯类产品时,应强调车花工艺与效果的特点,以引起顾客的共鸣。

从顾客感受的角度观察,车花闪亮效果是人人都喜爱的。这种闪亮通过不同质感对比来达到效果,即利用钉砂的粗糙质感和车花图形的明亮产生强对比,并用钉砂外形无规律的凸凹明暗变化与车花线条的规则有序作对比。这就要求在介绍车花手镯时,同时应该将相对比的钉砂加工工艺进行说明对比。每个人的审美习惯也决定了其对车花图案风格的喜爱程度。

满天星图案车花(图4-41):闪亮效果突出,适合喜爱灿烂夺目风格的首饰佩戴者。星光闪闪寓意好运连连,图形简单,不挑服装,适合与各种款式时尚的服装搭配。

图4-41 黄金车花满天星手镯

斜纹图案车花:斜纹具有一种独特的想象力,纹路方向和图案细节蕴藏无尽变化。斜纹线条是一种自信的表示,象征时尚的品味。斜纹的活泼适合与多数休闲和格调独特的服装搭配。

方形纹路图案车花:方形纹路图案在传统文化中有外圆内方的含义,图形风格细腻。方形纹路与手镯的圆形,寓意财运亨通。方形车花图案格调优雅,与正式服装搭配有特殊效果。

仿钻车花:图案仿照钻石火彩方式车花,素金的手镯外形也因此有较大变化。钻石寓意永恒与富贵,花形变化也让人喜爱。仿钻车花的时尚风格性较强,适合年轻的人群,也适合与珠宝类首饰组合成套装。

龙凤图案车花:是中国传统观念中结婚时必备的首饰样式,寓意天作之合、白头到老。龙凤图案是礼仪用图案,适合婚礼佩戴和作为永久纪念传给下一代。

第四节 从美感的角度理解K金首饰的销售特点

K金首饰销售的基本条件是把握消费人群的主要需求。K金材质很适合用做首饰，但是人们认为它保值增值的作用不强，导致目前在国内接受程度并不是很高。从目前潮流的方向来看，欧美K金首饰消费量较大，相信今后K金首饰消费观念会在国内越来越普及。目前，对消费力较弱的人群，K金首饰以代用品的形式出现（用白色K金代替昂贵的铂金），成品以用金量少、造型亮面大、闪光加工，并以中低价位为主。对消费力较强的人群，她们可能已经有好几套首饰，选择K金是因为她们侧重K金首饰的装饰作用，她们比较接受新潮、夸张的款式而不计较价格高低。

首饰的本质是满足人们对美的追求，而K金首饰的款式表现的正是形态的多样性。从目前市场来看，卖K金首饰就是卖消费观念，需要导购强调首饰给人带来的美感来实现消费观念的转变。销售K金首饰时，首先，应从工艺、设计方面着手，推荐款式的百般变化和令人心旷神怡的魅力。K金首饰的样式多，款式销售主要应以"型、饰、工、意"四个方面为重点，材质说明为辅助点。其次，在销售中需要突出K金产品的幻彩颜色。K金饰品之所以风靡，除了百变造型外，还因其具有丰富的色彩，如白K金、玫瑰金、粉红金、蓝金、紫金、三色金等等。第三，向顾客展示K金首饰的颜色与人的肤色、服装的搭配功能。K金款式变化比较快，只有准确把握潮流趋势才能做好销售。

制造工艺是K金首饰质量的保证，是K金首饰价值的基础

K金首饰原料的配比往往是专利，在K金首饰制造中也是决定首饰颜色质量的关键环节，而不同工厂的原料配比往往都不相同，生产出来的K金首饰质量也优劣不同。K金是黄金与其他金属熔合而成的合金。根据含金量的不同，K金又分为18K、14K等多种规格,18K金就是由75%的黄金加上25%的其他金属熔炼而成。不同配比的合金材质让K金首饰的硬度和韧性、弹性有很大的差别。成品K金首饰,K金硬度过强容易因为外力作用发生断裂,如弹性差则首饰容易发生不可恢复的变形,严重的还会导致所镶嵌宝石脱落。由于其他金属的种类和掺入量的比例不同,K金呈现出不同的颜色,如红色、绿色、灰色、蓝色、黑色等等,可谓丰富多彩,一般以色正艳丽的为质量优秀。还有些K金首饰上有多种颜色,这并非是所用原料不同,而只是表面电镀一层颜色,这些镀层颜色时间一久就会磨损脱落而露出本色。镀层质量在销售店无法测试,大品牌的质量一般是信得过的。18K彩金首饰是运用不同配比合金制成,有些表面也有镀层,但镀层即使磨损,内部颜色也与外表颜色没有太大差别,只是光亮程度会有变化,影响不大,顾客可以放心地选择。

三色K金穗形吊坠如图4-42所示。

K金首饰制作工艺要求比素金还高,做工细致的首饰要经过十多道工序才能得到,质量优秀的K金首饰外观清爽,表面光洁、明亮,质感强。K金首饰加工的有些工艺是素金首饰加工所没有的,如热处理、电镀等。镀层的金属和厚度质量决定着是否得到高亮度的首饰。加工细致程度还可以看焊接处、边角处是否光滑、均匀,镀层有无黑点等。

图4-42 三色K金穗形吊坠

K金首饰制作有加工难度大的特点。一方面,K金首饰硬度较高,相对加工难度高于素金首饰,需要许多大型机械和精密仪器来完成。另一方面,对加工人员的技术要求高,生产的成本和管理费用也因此增大。但这些成本的付出是值得的,正因为质量合格才不会让顾客有损失昂贵钻石的危险。专业制造技术的发展为首饰设计提供更多的空间,让更多有魅力的K金首饰设计渐入人心,所以K金首饰的价值,部分体现在加工工艺方面。

品牌珠宝企业多注重产品质量,并且投入较大,有正规的生产线,产品质量才可以有保证。如果想生产出高品质的K金首饰,除有正规生产线外,还要有专业的研发队伍。在国际珠宝首饰界,K金产品研发队伍都是比较罕有的,因为这方面的人才本身就奇缺。所以,K金首饰设计的价值,在其成本中应该占有更大的比例,但现今市场中还没有注重这部分价值。

让顾客放心购买不是一句口头上的话语,把质量放在企业心中才是对顾客是上帝的最好解释。销售K金首饰不仅要懂基本知识,而且要向顾客说明销售的产品质量的过人之处。K金首饰可以从原料质量优、工艺要求高、加工难度大三个方面去分析品牌K金首饰的优势。开始导购可能不很专业,但态度决定导购是否可以成为一名优秀者。一个有心人会经常把不同品牌的质量进行对比,并将不同的款式进行细致对比分析,经常用心比较的导购就可以练就一双火眼,能发现K金首饰质量的差异。在把质量的差异向顾客说明的过程中,导购手中的K金首饰的价值就会水涨船高,有明确的体现。顾客不可能做到全面了解首饰的知识,因此才会出现导购能否发现销售产品的优势并向顾客说明的情况。再好的产品质量也需要顾客的肯定,导购将K金首饰向顾客说明白了与否?决定了顾客能否理解K金生产商的努力与付出。

变化是K金款式不变的真理

基本款式多:由于K金的强度及柔韧性好,熔点低,故易于塑形、造型;颜色多样又极富表现力,相比其他贵金属应用范围更广,工艺的适用性也更强,能生产更多的款式。如与黄金相比,K金可用于镶嵌,黄金的镶嵌表现效果不如 K 金。铂金能做出来的款式,K 金同样也能制造,而 K 金能表现出来的集数种颜色于一个首饰之中的款式,黄金、铂金是无法做出来的。K 金首饰因材质强度及柔韧性好,设计的首饰佩戴时间更长,如高价值的手工工艺款首饰作品想要佩戴和保存较长时间不变形,只有 K 金才能符合这样的要求。

潮流款式多:K 金是国际流行的新式饰品,代表时尚、前卫、品质、魅力、个性。它工艺精细,造型变化多端,充满西化的风情,代表了一代女性的自信、从容与优雅,是艺术价值、艺术品位趋势的杰出代表。K 金的硬度较高,能更细腻、更丰富地传递时尚的信息。K 金首饰的设计更强调其艺术性,设计需由专业人员进行,而黄金款式流行变化慢,大多采用传统式样,不需太多设计人员。

美丽而且适应性更好:K 金具有硬度高不易磨损的特点,光泽与图案保存时间较长,能够制造亮丽、棱角分明、造型大方的款式。K 金首饰本身具有多变的色彩,颜色的变化性可以让首饰能跟上时装的变化节奏。因其多变,所以适应潮流。

三色金耳坠如图 4-43 所示。

图 4-43 三色金耳坠

K金首饰修饰作用为先

颜色:K金颜色变化多端,能满足喜欢不同颜色顾客的需求。在首饰的品类中,K金首饰显得时尚而突显个性,简洁外表下是不要单调的强烈愿望。

搭配:由于K金有不同的款式及颜色,更易与不同颜色及款式的时装搭配,相比单调的素金,K金的颜色能起到更好地修饰顾客体貌特征的效果。年轻女孩可选择黄、红K金,显得大方率真;而年纪较大的女性选择彩金,使人看上去气色好,显得年轻很多。此外,K金适合不同年龄、肤色、发型的消费人群,款式多,选择的余地也较大。

情感:不同的颜色,突显出现代女性的时尚、独立审美观,而强韧的材质,适合佩戴者自信展示自己的魅力。款式追求不与他人同"款",衬托使用者内在的气质与品味。强调个性设计,传达女性内心细腻的情感。

K金首饰色彩变化原理

K金可以根据需要配制成各种颜色。目前,在国际上流行的K金首饰各种颜色都有,常见的一般有黄色和白色。K金按颜色分为有颜色合金和白色合金。

白色K金:黄金中混入25%的钯或镍、锌等,就会成为白色,主要成分黄金的含量占75%以上,称白18K金。

黄色K金:是由金、银、铜三种金属元素合成的合金。黄色是金的本色,大多K金素金款产品都有这种颜色,黄色K金保持近似黄金的本身颜色,是国人喜欢的原因之一。

红色K金:也是由金、银、铜三种金属元素合成,但铜在合金中所占比重加大,颜色向铜的色调靠近。红色K金的光泽度不是很亮丽。红色K金有的还加入金属铝,其中亮红色K金就是增加铝含量形成的合金,性脆、延展性差,难以加工。如果减少铝的含量就形成紫色K金,金属光泽为淡紫色,相当迷人,但同样也是延展性差,难以加工。

绿色K金:含有2%~4%的镉元素,金属元素镉添加进入任何K金合金中,几乎都能形成绿色K金。

蓝色K金:基本组成为金和铁的合金,其生产工艺是专利产品,被严格保密,据说是在K金首饰表面电镀钴元素,但真实含量不为人知。

灰色K金:灰色通常来自合金中较高含量铁元素的作用,多数情况下将铁元素加入高成色的K金中即可制成灰色K金。

色彩组合的款式:K金首饰有部分是把多种色彩集中到某一个款式上。这种超过一种色彩的K金首饰制造起来并不神秘,这时,就会运用到"分色"工艺。"分色"工艺是指在同一款首饰上应用两种以上色彩。目前有两种方法,一种行业内称为"假分色",是用丙烯胶涂在首饰部分表面,在未涂胶的表面镀上一种颜色,然后再将镀好色的表面涂胶遮盖,镀其他颜色。如此往复、多次电镀,一款首饰表面就可以制造两种以上不同颜色。另一种方法是先通过模铸不同色块组件,然后焊接成整体首饰的方法,行内称为"真分色"。两种方法都能很好地把不同颜色集中在一个首饰上,体现首饰的美丽。但电镀的"假分色"法存在电镀色层磨损的问题,前期制造成本低,后期首饰的维护难度较大。

【对K金价格的错误说明案例】

在针对新开业店的导购培训演练中,"我都不知道自己错在什么地方?"一名刚进入珠宝销售行业不久的导购讲述自己遇到的尴尬事(下面这个案例)。在几名经验丰富的优秀同行和培训老师的分析和引导下,她终于找到自己的弱点——急于成交。通过复盘演练,这名导购终于明白,原来首饰销售不是价格便宜就可以成交,顾客买的是产品价值。

那天,一名衣着时尚的年轻女士来到柜台前选购 K 金吊坠,该顾客目的较明确,是为其母亲的一款 K 金项链配吊坠。导购直接将顾客引至 K 金吊坠柜台,让顾客选购产品。

顾客表示,所要搭配的 K 金项链为黄白双色链,想要一款同样是双色的吊坠。导购找出几款双色金的吊坠让顾客选款。在选款中导购告知顾客,自己品牌柜台属于新开业,顾客购买 K 金饰品还可以享受九五折优惠。顾客听后,也表示出兴趣。在折扣作用下,顾客很快选了一款双色金吊坠。这时顾客提出,既然你店面是新开业,品牌也不是很熟悉,是否还可以在原来的基础上再优惠一些。听说这话,导购有点不知所措,因为折扣不是导购所能决定的,需要请示上级,于是提出请顾客稍等片刻,等请示上级再说。但是,一两分钟后,顾客表示,先到其他品牌逛逛,过会儿再来。后来,一直到晚上下班,商场关门,也没见顾客回来购买。

复盘演练分析:这是一次典型的先进行价格说明的失败案例。我们在呈现的原理中已经明确指出,如果商品的价值没有呈现出来就谈价格,可能会以失败告终。这位顾客在片刻被折扣吸引后,马上就又产生犹豫心理,怕新品牌的服务不到位,所以选择走开。K 金在销售中呈现商品的价值至关重要,如果在销售的初期就去谈折扣,会影响到顾客对货品的感觉。而在销售的开始就应该让顾客认识到商品给其带来的利益,如对顾客容貌的美化、气质的塑造等方面。所以在选择销售策略的时候应该尽量以产品去迎合顾客,而不要以折扣去迎合顾客。

通过专业化的商品呈现,建立顾客的自信

销售中不仅是导购的自信会决定成败,顾客的自信同样要培养、要呵护。顾客自信心增强,对于珠宝首饰的购买力会超乎我们的想象。特别是那些对自己容貌不太自信的女士,往往是平常不会打扮自己。导购是美丽的传播天使,遇到对自己不自信的顾客,导购应该有一份爱心去帮助顾客,就像去帮助自己的姐妹一样。珠宝首饰的美是再造顾客自信的最好方法之一。

【案例】

一次有位穿着打扮很普通的女士到店里来闲逛,她一边随意地看商品,一边感叹到:"哎!我这个人哪,怎么都打扮不出来!"这是个明显不自信的女士,希望自己打扮得更美又找不到方法。而对面柜台有个年轻的导购向她推介新款又大又圆的扣式耳环,并反复地对那位女士保证:"很好看,真的好看,很漂亮,你戴上试一下!"而顾客没一点想试戴的欲望,导购们看那年轻导购如此推荐商品都感觉很可笑。

当顾客来到我们的柜台时,我们柜台导购们振作起来,想让竞争品牌的对手看看销售实力。导购拿出一款精致K金耳钉送到顾客面前,对她直接说:"小姐,您好!您不是很适合戴那款大耳环。您的耳垂丰满,脸形比较圆润,更适合佩戴耳钉。"

顾客吃惊地看着导购,导购则微笑着解释到:"我直说您别介意,您的脸形偏圆,就要避免戴那种又大又圆的扣式耳环,因为圆形耳环会进一步增加脸部丰满的感觉,使得圆而大的脸看上去更圆更胖。如选择佩戴精致的耳钉,会使人在视觉上感觉改变脸部的纵向感,脸形看起来接近于瓜子脸,显出比较可爱的气质。这是因为一方面耳钉体积小,不会增加脸部的宽度;另一方面白K金闪闪发光,易使人的视线集中到脸的中部,使脸形变窄,看上去显得协调而得体。像您是一位职业女性,看您的气质是优雅而干练!这枚耳钉更能体现干练气质。我特意为您挑选的这款耳钉应该比较适合您,不信可以试戴一下,效果肯定很好。"顾客一听,马上拿着导购为她挑选的耳钉进行试戴。

她试戴后,人显得精神了许多。此时,顾客也变得开朗起来,并不停地试戴其他首饰,导购也适时帮顾客推荐搭配技巧。这位看起来十分普通的女士,居然在这个柜台购买了一套导购推荐的首饰。

复盘分析评点：在这个案例中，导购只呈现了商品的"饰"，用产品的修饰作用来感动顾客。商品呈现的目的是让顾客感受到商品的价值，通过首饰本身的力量去刺激顾客的感官。如果顾客不自信，但只要导购有一些爱心，本着为顾客着想而推荐首饰，顾客会非常感动的。选择合适的首饰就是选择美，天下的女士没有不爱美的。进入到一个美的行业里，导购自己就要懂得美、传播美。学习首饰的配搭技巧，要在平时不断地积累，关键时刻才能用得上。这位导购对首饰美的呈现，说明平常花了很多功夫去学习。

真诚服务是呈现 K 金商品的根本

【案例】

有一次，一位中年女士漫不经心地从我们柜台路过。导购立即招呼她，那位女士没有回答，只是默默地看着耳钉。导购主动为她推荐素金耳钉、耳环。按照以往的经验，这样年龄的消费者应该是喜欢这种，但顾客却笑笑说不够精致。导购还是努力鼓励她试戴，这时才发现顾客是一位不修边幅的女士，头发与耳洞都比较脏乱。

导购依然热情地亲手为其试戴。在试戴过程中还关心地问着："痛不痛？"从顾客的目光中导购发现，顾客关注 K 金的耳钉。于是导购选出一款 18K 金耳钉给顾客试戴。在试戴前导购还细心地用酒精为她的耳朵进行了消毒，并对耳钉也进行消毒之后才给顾客试戴。但顾客还是犹豫不决，看得出是消费能力的问题。虽然导购感觉这次销售可能不会成功，但还是很热情地帮顾客清洗干净原来的耳钉。就在导购忙碌的时候，顾客终于主动开口询问 18K 金耳钉的价格。在对价格没有太多讨论的情况下，顾客买下了这对耳钉，并表示是我们导购的服务态度好，而其他柜台的有些导购较势利。

复盘评点:在耳钉、耳环类的商品销售过程中,有一些周到服务的流程,比如清洗耳钉、消毒后再为顾客佩戴等,这些是我们呈现服务必不可少的动作。每一类首饰在呈现时都有类似的一些流程,看似不重要,却直接刺激顾客的感官,顾客从中的体验结果是导购态度的好与不好。

我们经常讲不能以貌取人。但真正能做到的导购并不多。在本次销售过程中,导购员的热情周到的服务,使本次销售的结果属于情理之外,意料之中。情理之外是说一般人很少会购买不在自己消费能力内的商品;意料之中则是指通过这样的服务,取得最后的成交是正常的情况。

如何找出K金车花圈戒的优点并能说明其价值所在

型:简简单单的线条勾勒出戒指的形状,简单、大方,没有过多的修饰(图4-44)。通过颜色的交替变化形成渐变的视觉循环,给人以迷离的美感。

图4-44 K金圈戒

工:工艺看似简单,但两种颜色渐变融合在不规则的外形中,其实制造并不简单,是用高压冲压出来的,而分色能更加结实耐磨。放射型线条显得冷峻。

饰:简单,是不喜欢花里胡哨顾客的优先选择,这种戒指还可以变换成吊坠佩戴。

意:用超级简单的戒指展示不一样的人生境界。

如何呈现 K 金戒指

型:小巧玲珑,闪闪亮光,特别适合纤细的手指。
工:轻薄更显高超技艺,每一个小闪光面都经过精心车花制作。
饰:更显佩戴者年轻活力,容易接近。
意:不经意的佩戴,却显示出不一般的吸引力。

如何呈现 K 金花戒的价值

K 金以其独特的机械强度可以塑造出造型丰富多彩的事物。

型:K 金款的首饰特点是花型多,K 金的说明可以将花型作为主推。比如说:戒指上面连续甜心图案,串成桂冠花环形象,简单中明显多几分高贵。

工:这里运用红白两色工艺,在细细的喷砂面上拉出的纹路更能突显蝴蝶翅膀的肌理,惟妙惟肖(图 4-45)。

图 4-45 蝶恋花 K 金戒指

饰:佩戴这款戒指,能吸引绝大部分有着年轻心态朋友的眼球。

意:突显您有一颗开朗、快乐的心,也更加容易被类似性格的朋友接受。

第五节 细分 K 金首饰款式及细分市场,寻找非同寻常的优势

繁多的 K 金首饰款式会不会让销售者与消费者陷入迷惘?在很多珠宝首饰店面,大家兴高采烈地把 K 金首饰摆上柜台,销售量却不尽如人意,十件产品中可能有七八件成为长时间的摆设。出

现这种状况的原因很多,但主要原因是销售者不能以顾客消费习惯特点来细分产品。当销售者说,"我这么好看的K金首饰怎么没有人买"时,问题就出现了,这是把好看或者首饰自身美当成标准来区别产品,而没有考虑首饰是卖给顾客的。细分消费K金首饰的目的,可以分为替代其他类首饰不能制造的效果,追求时尚、呼应潮流,欣赏工艺进步、实现个人独特艺术气质等方面。K金产品在呈现时可以分为经典款、潮流款、时尚款、工艺款、创意款等类别。

如何呈现经典款式K金首饰的特点?

K金首饰进入国内市场的时间本来就不长,也就是近几十年,历经时间洗礼的经典款式并不多。这些经典款K金首饰有一些共同的特点:单款首饰的颜色是以除K白之外为特征,两种以上颜色形成视觉上的反差刺激,造型设计使用简单的图形元素,多年推广为顾客所接受。

变化的款式,经典的题材造型:这里不得不说的是欧美几个大品牌所推出的经典产品的影响。经典款式是以简洁的造型与基本图形元素设计,而这样的设计元素资源本来就不多,早期发展的欧美品牌抢先发掘、推出产品。这就在终端推介产品时形成一种习惯,称"这是某某品牌的某某款"。这些年,经过国内珠宝品牌的努力,一批具有中国元素的经典款,在市场上开始积淀下来,深得国人喜爱。这些经典款运用中国文化的元素,造型设计简练大方,传统的云纹、花型、生肖、卡通图形、吉祥寓意图形成为经典题材,比如2008年北京奥运会火炬中的云纹图案在K金首饰运用就有一批经典款问世。中国阴阳调和思想元素也在K黄与K白颜色对比中运用,如对戒的一黄一白,单戒中运用两种颜色交错的图案等。以简洁为设计题材在K金首饰中还诞生了指环、线戒等经典款。这类款式表面无图案,或者用重复的图形,满足顾客随意性气质的要求。

图 4-46　经典款 K 金戒指

　　经典款式（图 4-46）的修饰功能：K 金首饰与服装的关系紧密，经典款 K 金首饰色彩与变化正适合当下多样性的着装方式。经典款能成为优秀的配角，在简单服饰中又能成为主角，从而能让 K 金的优势无处不在地得到发挥。适合与多数商务服装的搭配，可以柔化焦点，方便人与人之间建立和谐的关系。经典款以柔和的图形居多，比较适合东方人精致的体貌特征，更能展现女性魅力。白、黄、红色调与黄皮肤配合可以相得益彰，多色组合首饰可以适合不同深浅的肤色。

　　保持长久的经典寓意：变化多端的 K 金款式多少给人"花心"感，但经典款设计的简约让传统寓意在现代 K 金首饰中不仅保存下来，更成为人们日常佩戴的佳品，现代情感在经典款直白表现为图形语言，如心形、花形等，适合作为情感的记忆。

　　精美绝伦的工艺：K 金工艺技术与时俱进，天天都在创新发展。经典款式表面多用光面工艺处理，光彩照人。成形常用倒模工艺、油压工艺、无缝焊接。顾客在检验有无未处理光滑的边角时就可以体验到质量的好与差。

什么是潮流款 K 金首饰？怎么呈现产品的购买点？

　　K 金首饰产品细分中专有的一类就是潮流款类型（图 4-47），与时尚款类型理解有着完全不同的特点。这是因为 K 金首饰有造价相对较为低廉及无宝首饰设计制造周期短的特点，一些短期流行的款式多用 K 金制造，并快速进入市场。

流行的题材造型设计:造型设计上的元素与题材焦点集中,往往只有一个核心的元素。线条图案都是大家所熟悉的,例如市场流行一时的 K 金字母项链,奥运吉祥物、幸运物、甚至 K 金的杯子(一辈子)等题材,这些产品一经推出,马上成为流行产品,为消费者所追捧。潮流款设计的特点是只表现一个含义,只注重一个卖点,设计思想相对简练。运用的图形多会向图腾形式发展(图腾就是象征某种特定的思潮)。更是在一些年轻消费者所喜爱的可爱造型(如卡通、心形、花形)之间变幻,反映着他物活跃的思想。

图 4-47 潮流款 K 金鸟巢吊坠

潮流款"争做主角"的修饰内涵:既然是潮流款,它的目的就是成为服饰的主角,突出显眼是潮流款的个性。与服装搭配时潮流款都会争当主角,起到点睛的作用。潮流款在不同消费层次中都会出现,有时就是一款宽大的项链,人们只要认为能表现时代精神,就会不管是否适合自己的脸形特点而购买。呈现 K 金潮流款时,主流、主角、主题是三个重点。呈现潮流款的三个重点所起到的作用是突出流行时尚,同时,应肯定潮流款对消费者的时尚前沿妆饰是最大的贡献。

直白的寓意:潮流款的造型设计主题焦点集中,具有唯一性。寓意直白,直截了当是潮流款的特点。如字母项链、戒指,产品出现后会马上成为消费者表达爱情的信物。

流行的制作工艺:潮流款有时因为工艺的创新而流行,如某公司推出与香水结合的 K 金款式。另外,K 金潮流款因为变化速度快,多选单项制作工艺,如模铸法加上表面抛光。近年由于防触汗掉色的多种工艺得到突破,使K金首饰工艺质量进一步提高,这项工艺是深圳的一家公司发明的,是中国人的技术。

什么是时尚款类型K金首饰?如何呈现时尚款?

K金本身就有时尚的特性,K金时尚款(图4-48)的特点是产品风格化,为多数顾客所喜爱,设计繁复,工艺讲究。

风格化的造型:K金首饰如今已经摒弃了不适合国人体貌的"欧版"风格,经过设计的探索发展,现在兼容并蓄的风格成为时尚款的主流。运用中国风元素的中国风格在时尚款类型中大行其道。以玫瑰金、K黄、K白颜色组合;以花型题材为代表的富贵风格;以流苏造型,绳与结抽象化图形的飘逸风格;以复杂而有序、层次立体感极强的复古风格;也有镶入多种色彩、线型重复的异域风格。

图4-48 时尚款K金吊坠

象征性的修饰效果:那种"一件首饰伴终身"的时代已经过去,K金首饰演变成时尚、品位、个性的象征。时尚款的修饰性与服装搭配表现在不同的场合,消费者的品位通过时尚类款式得到满足。复古、庄重的风格适合正式的场合,飘逸的款式适合休闲场合。

时尚的意味:时尚款寓意个性、气质、品味的差异,每个人对生活的理解在时尚款选择中都可以体现出来。

工:时尚款制造工艺普遍比较讲究,多种工艺的运用让制造程序非常复杂。比如制造复杂的花型套饰,就要用到制模、油压、焊接等多道工序工艺。表面处理常用的炸金、抛光工艺,都是K金制造所独有的工艺。

什么是工艺创意款类型 K 金首饰？呈现说明时有哪些特点？

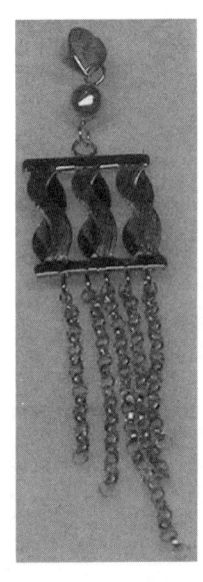

图 4-49　工艺创新款吊坠

工艺创意款（图 4-49）的产品在 K 金首饰中不断地涌现，但销售者最大的难题是对这类款式理解有很大的差别，就好像不懂画的人进入画展而看不懂作品一样，阻碍了工艺创意款的销售。工艺创意款是首饰设计与制作的突破性作品，是刚刚进入市场的产品，特点是某一工艺的独特运用、型制与众不同，是过去少见或者未见的创新之作。

艺术化的造型设计：造型创新往往与工艺创新同步出现，体现设计师或者设计思想前卫，对消费者来说购买的不再是普通首饰而是原创的艺术。多种造型手段的运用，对顾客来说是值得收藏的精品首饰，而非用后即换的常见首饰。工艺创新款设计的主题相对独有，唯一（稀有）性造就款式价值奢华。

思想与气质的奢华修饰：对个人气质修饰作用大于搭配服装的作用，适合在重要的场合佩戴并产生非凡的效果。工艺创意款适合品味要求独到的消费人群，他们愿意花更多的金钱购买，这本身是对艺术的尊重。有的人买首饰是为储蓄增值，有的人购买首饰是为实现自己的思想升华，工艺创意款帮助消费者获得灵感，燃起思维的激情。

非同凡响的寓意：工艺创意款的设计寓意与设计的思路有着密切的关系，呈现其寓意时，多从文化传统的变化去寻找思路，比如有一种可拆开组合的戒指，设计时的寓意是亲密无缝的结合。

创意与工艺的组合：款式美丽的 K 金首饰一定会是制造工艺与设计密不可分。例如，车花工艺发展到在素金、K 金首饰中运用普及，使首饰的款式设计有了很大变化，亮面效果在各种质感效果中占据了主要地位，可见制造工艺与设计是相互促进的关系。近来首饰工艺中不断有新工艺诞生，过去的工艺在新技术新装备的带动下日新月异。下面简单介绍几种设计价值较高的工艺。

(1) 运用批花、车花数控设备的新技术加工工艺。将传统手工工艺演变为精准的电脑程序控制，实现大批量加工，工业化生产。还有一类是通过机械加工方法批量生产标准化的创意首饰。2009 年深圳一家工厂推出无接缝双色金情侣戒指的款式新类型，就是运用该企业研发的机械生产的。他们利用新类型上下两片不同颜色金属构成中空的特点，设计了多款镂空情侣戒指。运用新技术工艺对产品价值的提升表现在：① 批量产品质量的精确性更有保障。相比手工制造，电脑控制的准确性更高；② 产品的美观度更高，每个亮面都是自动化加工的，不存在人为失误；③ 设备投入大，工艺门槛高，是市场稀有的产品。

(2) 传统工艺演变为现代创意。例如传统黄金拉丝工艺在 K 金首饰制造中的运用，造就了非同寻常的艺术效果。2008 年珠宝设计百花奖的大奖就是用拉丝工艺制作的套系产品，该款式创意的设计把 K 金丝绕成细长的弹簧状，再把多根拉丝 K 金"弹簧"整合成首饰。

(3) 多色系 K 金叠加工艺。就是把不同颜色 K 金叠加在一起形成制作材料，进而利用多色彩的材料制造出首饰。这样款式的首饰有多层颜色交织在一起，让人难以想象制造的过程，给顾客以广阔的想象空间。

(4) 嵌入色彩的工艺。在现今 K 金首饰中也有多样的运用。主要有两种方式：一种是高温化学法填充方式，还有一种是精确嵌入加工宝石。高温化学填充方式是用化学材料充填，通过高温让化学材料凝结固化在首饰上的方法。化学材料有烤漆、烤瓷、搪瓷等。精确嵌入加工宝石法是在首饰上开槽,根据开槽尺寸加工宝玉石,再把宝玉石嵌入槽中,打磨平整。固定的方法有粘接法和镶嵌法两种,在中档彩色宝玉石材料中运用较多。嵌入色彩所用的材料并不昂贵,但制作出来的首饰色彩效果却非常独特,制作的工艺要求高,费用也高。

第五章　万千喜好于一身，翡翠类首饰呈现

第一节　翡翠类首饰的购买特点

翡翠类首饰的销售：需要解决三大问题

中国人对翡翠玉石的特殊爱好自古就有，喜爱翡翠甚于黄金和其他珠宝玉石。

时至今日，翡翠首饰还是被视为吉利、幸运和社会地位的象征，并已经逐步发展成为表现个人修养、品位、风度的重要组成部分。当昂贵的翡翠进入现代服饰中时，翡翠首饰（图5-1）不论是在外表还是内在魅力都令佩戴者明艳照人、气质温润如玉。

翡翠与艺术渊源深厚，翡翠常被制作为艺术品来供人欣赏和收藏。当今因为喜爱者渐多，故也蕴含着很大的投资机会。翡翠产于缅甸，具有产地唯一性的显著特点。不像钻石、猫眼石那样在全球有多个产地、矿藏相对丰富，因此翡翠资源日趋枯竭是一个必然的结果。有资料显示，翡翠市场价格已多年连续上涨。考虑到未来国内对中高档翡翠的需求会迅速提高，加之原料供应不足，以及很多入门级收藏者进入翡翠领域，今后翡翠首饰和成品的价格还会大幅上涨。

但是，如果在非常热爱翡翠的情况下，却买到劣质的商品，那真是让人遗憾的事。顾客遇到这样的事并不在少数，所以顾客也就表现为谨小慎微。一件翡翠饰品在市场上有的标价10元，而在珠宝专卖店里动则数千、数万的价格，谁真谁假，往往让人们望而却步。顾客因为怕遇到假货、价格谜团等，而不敢购买的事例比比皆是。这已经深深地影响到人们对翡翠首饰的购买。所以销售翡翠首饰首先要解决的问题是让顾客信任、买到真品。

顾客的担忧还不止这些,毕竟翡翠中的学问可以说深不见底,没有多少顾客去专门研究,多数顾客担忧自己不懂货、不能识别翡翠的价值,怕花了钱得不到真正有收藏价值的翡翠。这种担忧,是需要在销售中解决的第二个大问题。

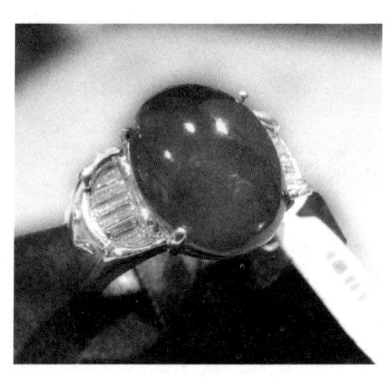

图 5-1　镶嵌翡翠的戒指

"黄金有价,玉无价。"可以说世界上没有两块相同的翡翠,很多专业人员也没有方法给翡翠一个标准的价格。人们都喜欢绿色的翡翠,可是翡翠的颜色多样性让人有无限的想象空间。人类是求美的,但人类对美的追求没有任何的过错。选择翡翠时都想拥有十全十美的货品,可是这样的货少之又少,花多少钱可以买到也无法说得清楚。所以,在销售当中还要解决第三大问题,那就是顾客永无止境追求完美翡翠的想法。

想要解决顾客的这三大问题,导购不仅要提高专业素质、习得专精的翡翠知识,还需要导购以一种正确的心态去销售翡翠。哪怕是半点的虚情假意,都会给顾客造成损失。在现今竞争激烈的情况下,做个有良心的销售者并不容易。销售美玉要有如玉一般的销售态度,首先吸引顾客的应是真诚为人,人如玉品。导购需要帮助顾客建立正确的购买观念,销售行为所能起的作用是引导顾客建立正确的购买观念。导购的销售作用主要是引导顾客恰当地选择更符合中国习俗的玉文化,这就需要导购有较高的专业素质并具有专精的翡翠知识。

第二节 不同档次翡翠首饰成品的销售特点

1. 翡翠首饰成品档次分类

翡翠首饰的档次划分有很多种方法，每一种方法都有其划分的标准。终端的销售者往往被众多的翡翠评价标准与方法所累，不知道按谁的说法才是对的。从购买翡翠的产品分析，很大一部分消费者购买的是中低档的翡翠。所以在市场上流行两种划分方法：一种是按照首饰销售价格来划分，还有一种是按照翡翠的评估标准来划分。两种方法都不容易向顾客说清楚翡翠的价值。但我们可以将上述两种方法结合在一起，并按照行业的一些习惯方法，对翡翠首饰的档次进行比较粗略地划分，以帮助导购对翡翠销售建立相对的价值观念。

翡翠首饰重量、体积是很重要的价格影响因素，在这里，我们按单件首饰大小、重量基本相同作为参考。我们说单件价格是指价格总体上在某范围内的概念，并不代表是确定值，也没有价格指导的意思，而只是为理解翡翠首饰档次而人为设立的，以便可以提供给大家数字的具体感觉。针对目前市场上的翡翠成品，其档次可以理解为以下五个级别。

（1）极品收藏档：种质属于老坑玻璃种，颜色、工艺、造型、抛光极佳。满绿颜色或其他全满的阳正色彩。款式造型设计有文化内涵，设计有较强艺术性，做工精美。体积大小在5厘米见方以上，市场价位在几十万元以上。

（2）精品档：种质多属于老坑玻璃种、冰种等，颜色略浓绿鲜艳或者有罕见俏色，色正、阳而悦目。在放大镜下硬玉结晶呈微细粒状，颗粒大小均匀一致。质地纯而且少有杂质，细润，无或非常少见裂、绺、棉、纹，敲击玉体，音呈金属脆声，透明玻璃光泽，观感似玻璃、似冰晶。设计要有文化内涵，做工精美。工艺、造型、抛光俱佳。市场价位在十万元以上。

（3）商业档：颜色含有绿色、紫色、红色、黄色等，水色均匀、赏目。色正同时还要色比较醒目，通体色泽一致，质地呈现半透明以上，细润；裂、绺、棉、纹没有或较少。设计造型要有文化内涵，做工精准。工艺、造型、抛光俱佳。市场价位从数千元到十万元之间。

（4）普通档：部分有浅绿颜色、紫色、褐至红色，色分布不一致；质感呈微透明到不透明，水头干，有裂绺、棉纹、黑斑等。传统设计，造型多有寓意，符合大众购买习惯。有工艺特点、抛光较好。机器加工居多，价格百元到千元。

（5）入门档：颜色灰白居多，略带各种浅绿、褐至红色，质地不透明，肉眼可见结晶颗粒粗大，水头干涩，有裂绺、棉纹、黑斑等。机器加工或者粗糙加工，模具制造造型千篇一律，细部抛光不佳。价格百元以内。

2. 呈现中低档翡翠首饰的价值——引导顾客建立正确合理的消费习惯

想要引导中低档翡翠首饰正确合理的消费，可以先从寓意价值出发，然后讨论翡翠购买的关注点。方法就是首先与顾客探讨购买翡翠的需要是什么，从中探知顾客的专业性。对专业性强的顾客尽量少说，对不专业的顾客，应该先进行翡翠选择观念的建立。买什么样的翡翠合适，也是顾客进店时首先所想的因素之一。大多数情况下，顾客都是先考虑寓意是什么？其次考虑买个什么价位的，这样的顾客对翡翠的了解不是太深，所以先帮顾客建立购买首饰的观念就可以占得销售的先机。

中低档翡翠在店面销售中占比较大，推介的顺序与方法可从观念到产品的利益点。

先确认购买的寓意类属（比如是买笑佛还是买节节高的）。

询问购买的价位，确认属于什么档次。在此基础上再引导顾客购买的观念。

呈现引导观念：购买普通级别的翡翠先要找没有明显伤、裂、黑点等的货品。再在其中找做工精细的货品。如果能找到有"色"的更佳。要比较质地,相对来说更加细腻的是优品。在相近品相的货品里选重、厚、宽、大的。

【中低档翡翠首饰销售的导购方法示例】

娴熟的导购在销售中低档翡翠首饰时,应该注意建立顾客购买观念。下面是作者把一位导购销售时的引导方法和过程进行了梳理后,用五步法呈现的技巧示例,每一步引导一个选择的观念,同时通过观念引导建立顾客的选择标准,让顾客能容易地理解销售品的优点。这就是顾问式服务销售的方式。

第一步:说明买翡翠先要确定是有"意"、有"饰"的观念,这是因为玉饰是我国民间传统的吉祥物,认为戴玉饰有安神益寿的寓意作用。过去有传说老人摔跤,摔破玉镯,人却丝毫无损的故事,说明"玉能挡邪"。常年佩戴翡翠,还可使之变得油润晶莹,越戴越通透,使人爱不释手。佩戴翡翠有修饰人的气质的作用,翡翠购买者的戴前与戴后精神状态有很大区别。所以先要选大小合适、做工精美、方便在多种场合搭配服饰的翡翠,选择时还要注意大小应适合顾客的体形体貌。

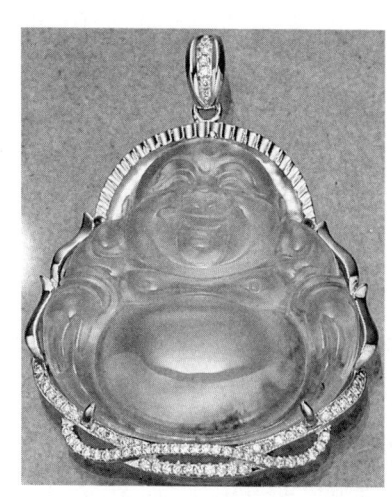

图5-2 中低档翡翠吊坠

第二步:说明买翡翠要选"品",注意传递产品完美度的观念。整件翡翠首饰的材质,应尽量是无杂质黑点、无白斑粘黄、无绺裂石花缺损等缺陷;关键是看有没有因加工或者意外摔碰产生的裂纹,取料加工是否避开了原有瑕疵。

第三步:买翡翠要选"工"。有"工"是指翡翠玉器加工精细,环形规整,协调对称,图像造型生动逼真,做工方面没有败刀及歪扭线条的地方,抛光琢磨细腻,表面光洁度高。

第四步:要有"种"。所谓有"种"即是指该件玉器质地透明度高、纯净、通透,货品的质地匀、润。匀是翡翠质地均匀,润是质感细腻。在中低档翡翠中,既好像富含水分又似给人以娇柔感的就是上品。这时可以说明选无色透明的,比选有色但质地粗糙的,给人的感觉档次更好。

第五步:说明买翡翠是要有"色"的。行内人称有"色"是专指以有阳绿为准。"浓、阳、俏、正、和"为好,反之,"淡、阴、老、邪、花"为次。另外,还有宁要一线色不要一片色的说法等等。中低档翡翠追求颜色也会导致选择干青、狗屎地等没有太大价值的货品。翡翠色又有几十种不同的颜色名称,在中低档翡翠中没有太多必要去说明。有"色",质地细腻的就是比较好的材质选择。

3. 中高档翡翠首饰的专业化呈现方式

翡翠消费中,有些顾客是比较专业的,他们选择中高档的翡翠首饰多有个人喜好的情感因素,对翡翠的评价也有所了解。这类顾客,销售时最好由比较专业的导购接待,在与顾客沟通时注意对翡翠评价表达的准确度,不知道或者没有把握的尽量不要说,避免因错误而尴尬。还有不要问一些太浅显的问题,说一些太过浅显的道理,如"男戴观音女戴佛"之类。如图5-3为翡翠饰品。

图5-3 中高档满绿葫芦吊坠

接待购买中高档翡翠首饰的顾客，在销售早期阶段，应尽量按照顾客所注重的方面真诚地帮助选择。如顾客注重首饰的颜色，就应该从颜色的角度开始帮助顾客选择。

有些顾客确实是不懂翡翠，但喜爱翡翠，导购更要诚实对待。这些顾客的购买要求标准不明确，可以按照常用的评价顺序为顾客选择首饰和进行推介。向顾客推荐中高档翡翠首饰的顺序是：先找到相对有较佳"色"的；其次比较质地是否上品；相对选择做工精细的；在其中确认购买的寓意是否满足顾客意愿，经过核对，选没有伤、裂、黑点等的货品；最后相近品相的选重、厚、宽、大的。

如果店内都是中高档的货品，要因顾客不同而变换推荐产品特点的顺序。这是因为门店货品的价位已经是在筛选顾客，进来的顾客分为三类：有备而来的，看行情的，闲逛的。顾客不论专业性如何，有关注做工的，有关注设计的，也有关注重点在材质方面的，向他们推荐产品时要注意他们个人的爱好指向，导购推荐的产品要集中在顾客爱好指向方面。

中高档翡翠销售，讲究专业呈现方法。特别是对比较了解翡翠的顾客，说明该件首饰的优点不如通过专业的方法让顾客自己体验到。

专业呈现的比较法：可以在店中找一个达到中等以上档次色级、种别、水头的翡翠作为样本，随时拿在手中与顾客留意的货品进行比较。百闻不如一见，顾客更愿意相信自己看到的，货品的材质在比较中很容易体现出来。比如挂件，拿几款不同色的商品在顾客皮肤上逐个对比，为顾客体验颜色适合肤色是必不可少的。翡翠的差别往往是通过比较才能分辨清楚。想要产品有说服力，导购在比较的同时再说明产品优势，才能把中高档翡翠评价呈现得更精准。

专业呈现的环境法：销售中高档翡翠应注意环境不要嘈杂，尽量营造一个相对安静的环境，让顾客专心地挑选。古有灯下不看色的说法，找个自然光线的环境帮助顾客体验翡翠的颜色并不是困难的事。灯光最好调节到感觉是正午时分的色温最合适,一般用白炽灯,背景是黑或白色都比较能突出翡翠的绿色,有利于客观地让顾客选择翡翠。不会有人愿意在脏乱的环境中购买高档商品,店面环境一定要简洁干净。导购也要注意自己的工装、手部是否清洁,适当化妆上岗会让导购显得精神。翡翠销售就是如此神奇,导购有精神,货品也会看着生动有精神。

专业呈现的工具法:需要选择合适的工具,毛垫、托盘、专用手电筒、擦布等工具应准备齐全,同时,注意工具的颜色不要干扰到货品的颜色发挥。使用工具的方法要正确,用小手电的目的是看清翡翠的"水头""质地",辨别货品是否有缺陷,而不是看颜色的。如果用小手电照时,招呼顾客看颜色,顾客马上就知道你不专业,那你说的话也就不可信了。为老年顾客准备大号放大镜、老花镜也是有必要的,店面的这些工具也体现门店经营的专业服务。

第三节 千姿万娟,翡翠款式的呈现

怎样用选择标准来推荐翡翠挂件

所谓翡翠"挂件"主要是指坠牌类的首饰,"挂件"是翡翠主要的销售品类之一。挂件多种多样,按照造型图饰数不胜数。如果按销售量占比来分,主要有寓意挂件、生肖挂件、光面挂件、观音和佛公及其他花型挂件等类别。向顾客销售翡翠并不是一件很难的事情,引导顾客建立正确的选择标准可以帮导购获得顾客的信任。如果导购认为有难点,多是对翡翠挂件货品到底有多少种不熟悉,每一类产品都有一个选择的观点,这些观点从顾客角度来看是买点,从销售角度来看是卖点。导购自己都不清楚货品的适销顾客分类,顾客就更难以认同导购的服务。

推介挂件时导购不仅应本着为顾客量身选择的态度,还要了解挂件的常见型制,清晰了解畅销货品的特点。下面列出了五个

主要的销售特点,每个特点都是从顾客喜爱程度、翡翠挂件货品的常见款式、引导顾客购买时的方法三个方面进行分析。通过分析这三方面并与顾客交流,以建立顾客的个性选择标准。图5-4为翡翠挂件。

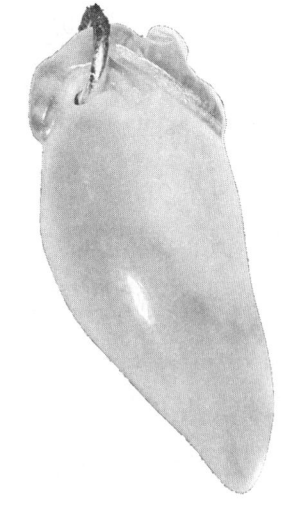

图5-4 辣椒题材挂件

(1)推介适合性观念。从挂件种类和大小、款式方面寻找适合性。一般来说,鸡心、吊胆类光面(表面抛光无雕纹的)挂件适于女性佩戴;而"男戴观音女戴佛",男性还多选寓意招财的貔貅、威武的龙牌等;平安扣挂件适合男女老少佩戴,但男性偏爱大扣(直径30毫米以上),女性偏爱中、小扣,这是普遍规律。所以选挂件的种类,男性要选有寓意的,而女性要选戴有修饰作用的挂件。选择挂件大小时,男性要尽量选宽、大、厚、重、方的,女性则要选适合体形、方便搭配服装的。推介款式的适合性,选择适合的款式比种色还要有价值。检查观感是否舒适,吊坠放在顾客脖子上看颜色是否合适,大小与体形是否相配,手把件握在手中有无大小合手的熟悉感等。

(2)推介质量性的观念,即推介挂件的质量要求。挂件的质量体现在不能有裂纹、脏点。平安扣、鸡心和吊胆等光面挂件一般不允许表面有裂纹。玉雕厂在选料时也会注意这一点,即"有裂不做光身件",因为光身件无任何花纹可以遮挡,有裂纹的即使做出成品也很难售出去。相反,观音和佛及花挂件、生肖件往往会有或明或暗的裂纹或玉纹存在,即所谓"无纹不作雕件"。当然价格较昂贵的中高档雕件是不允许有裂纹的,双面雕件也不允许有裂纹。"佛脸不能有脏",如有脏点瑕疵和石花也就会降低等级或列入次品。好的手工会在雕琢时去掉脏点,如果是机器压制的做工,脏点就没有办法避开,所以反过来,看有脏点的就有可能是机器压制的。

(3)推介寓意的观念,注意习俗和禁忌的要求。如送老年人,应送福寿安康的寓意图形,如果送个花生造型的就不合适。婴儿和幼儿由于皮肤娇嫩,不宜选购配金属梅花扣的挂件,翡翠中唯有平安扣不需要梅花扣,平安扣寓意较好,故此适宜儿童佩戴。有信仰的顾客不要随便推荐,如信基督教的人不会戴佛像。

(4)推介重量的观念,挂件选的是重量体积。有些极品的翡翠按克论价,就是普通的翡翠首饰造型大小、重量都会产生价格差异。看外形就是要看厚度、宽度、重度是否比较其他的要好。翡翠首饰完美度也是选择的关键,看是否有缺损,因残缺的产品需要再磨再造,价值就会损耗不少。

(5)推介手工制造,翡翠要选造型与手工。主要是雕工刀法线条是否流畅,整体比例是否匀称。手工活的雕工价值还是比较高的,现在有些挂件是机器加工的,看线条边角的处理就可以知道是否是机器加工的。好的手工市场上比较认同的是揭阳工,主要是揭阳地区聚集了来自于全国各地的玉雕高手,因此揭阳地区的产品闻名于世。即使是现代设计流行元素泛滥的今天,翡翠挂件新设计元素并不多,这还是受传统文化影响特点,寓意决定造型。

为顾客找到适合的翡翠造型题材

常见的翡翠首饰分类有玉镯、玉坠、玉珠串项链、玉指环、玉耳扣、手链、玉戒子面、玉花件等。仅玉戒子面就有马鞍形、菱形、蛋形、方形等,花件就有各式佛像、各式观音像、十二生肖及寓意吉祥的摆件等。每一个类别里又有无尽的品种,选择合适的造型题材是购买者能否称心如意的条件之一。

认清形象,区分翡翠挂件坠牌的造型题材寓意

(1)豆角:"福豆",据说寺庙中常以豆角为佳肴,和尚称其为"佛豆"。还有称多子多福的(图5-5)。

(2)鱼:谐音寓意"连年有余"的雕荷叶(莲)、鲤鱼(余),还有童子骑在鲤鱼上;有的是雕鲶鱼,取其意"年年有鱼"(图5-6)。

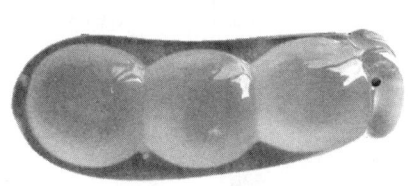

图 5-5　福豆　　　　　　图 5-6　双鱼吊牌

（3）辣椒：寓意红红火火，图 5-4 为辣椒题材挂件。

（4）灵芝、蝙蝠、古钱、元宝、寿桃、瓜等：灵芝如意（灵），蝙蝠（福）谐音寓意"福至心灵"；蝙蝠（福）、寿桃（寿）谐音寓意"福寿"；蝙蝠（福）、金钱（前）谐音寓意"福在眼前"；如果雕有福瓜的图案，一般讲如果是冬瓜即谐音寓意"福如东海"；雕为南瓜，即谐音寓意"寿比南山"。

（5）佛手、葫芦：佛手谐音寓意"福寿"；葫芦谐音寓意"福禄"；佛手（福寿）、葫芦（福禄）谐音寓意"福禄寿"；小兽谐音寓意"寿"。因为地域不同，口音不同，有时佛手也会讲解成"掌上明珠"，这是象形寓意（图 5-7）。

（6）马、猴：一马（马）一猴（侯）谐音寓意"马上封侯"。猴、寿桃：寿桃加小猴谐音寓意"猕猴献寿"（图 5-8）。

图 5-7　佛手吊坠　　　　图 5-8　猕猴献寿

(7) 獾：据称獾是动物界中最忠实于对方的生灵，如果一方走散或是死亡，另一只会终身等待对方，决不移情别恋，因此在我国有雕双獾作为夫妻定情之物的说法。"双欢"雕是两只首尾相连的獾（欢）（图5-9）。

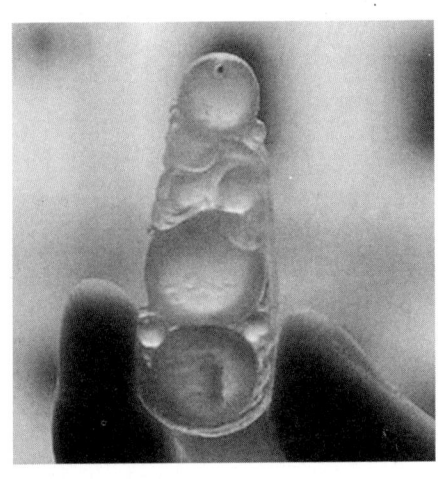

图5-9 双欢雕

(8) 葫芦、玉米、石榴、葡萄：因为它们内含多粒的形象，被寓意为"多子多福"（图5-10）；葫芦、花叶、蔓枝象形寓意"子孙万代"，取葫芦内多籽，蔓枝取开枝散叶，多方发展之意。玉米在南方还有个寓意为"一鸣惊人"。

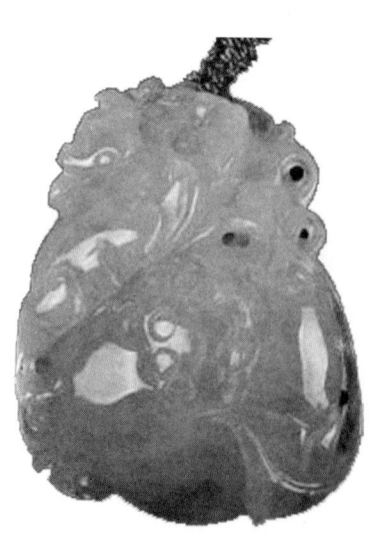 

图5-10 多子多福　　　　图5-11 蝉

(9)松、竹、梅：竹子寓意"节节高"；雕有竹节还寓意步步高升，学业有成。松、竹、梅古称"岁寒三友"。

(10)蝉（图5-11）：寓意"聪明"，大多送儿童佩戴。

(11)白菜（图5-12）：说到玉就应该首先想到玉器雕刻中最多见的白菜，它寓意为"百财"，是多多发财的意思。

图5-12 白菜

图5-13 貔貅

(12)貔貅、金蟾：这是现今最热门的题材了，这两种题材是招财辟邪的灵兽。金蟾是只有玉器雕刻上才有的题材，它是三脚的蟾蜍，因其有吐钱的本事，故而成为招财的精灵，嘴里含有钱的金蟾在摆放时应嘴冲屋内，不含钱的金蟾嘴冲屋外。貔貅传说是龙王的第九个儿子，因其有光吃不拉、只进不出的特点，所以寓意纳财。在汉书《西域传》上有一段记载："乌戈山离国有桃拔、狮子、尿牛。"孟康注曰："桃拔，一曰符拔，似鹿尾长，独角者称为天鹿，两角者称为辟邪。"辟邪便是貔貅了（图5-13）。

(13)柿子、喜鹊：寓意喜事连连。

(14)螃蟹：寓意富甲天下（图5-14、图5-15）。

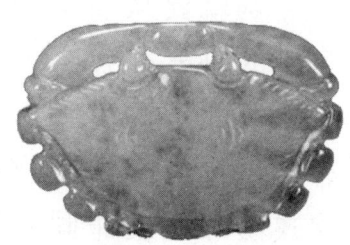

图5-14 富甲天下（工艺讲究）　图5-15 富甲天下（工艺一般）

(15)海螺、葫芦：因为具有收纳的作用，所以可以收纳邪气，辟邪进宝，还可以有促进夫妻感情的作用。

同样是"海螺"款式吊坠，工艺对比就知优劣（图5-16、图5-17）。

 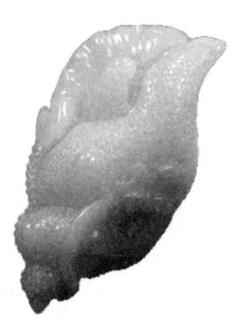

图5-16　海螺（工艺一般）　　图5-17　海螺（工艺讲究）

如何运用翡翠佩戴修饰效果坚定顾客的购买信心？

有些顾客，买翡翠主要是为了衣着搭配和佩戴。特别是一些年轻的顾客，她们看多了彩色宝石的多姿，钻石的冷艳，珍珠的华丽，所以翡翠的色彩、气质就会深深地吸引她们，因此在选择翡翠的时候，她们大都喜欢镶嵌类型的翡翠首饰，这些品类具有看上去时尚、华美的独特修饰作用。如果购买者已经拥有其他珠宝首饰，她们会更看重翡翠的款式设计和工艺特色。她们喜欢翡翠独有的色彩和华贵，需要的是独一份儿的感觉。这种独特性不是传统文化的回归，而是对有别于他人装扮方式但又不想另类的一种追求。

顾客买翡翠首饰时，将翡翠与其他珠宝首饰相比是很正常的现象。在顾客眼中，同等价格的钻石比翡翠看起来实惠些，这是因为顾客在购买翡翠时对翡翠的标准价格不清楚，想买而又心里没底。这时导购就要从翡翠的珍贵性和品质的标准来说服顾客，让顾客对自己的决策有信心。

坚定顾客的购买信心不是一两句话就能做到的，需要针对这类型顾客的思维方式，逐步分析翡翠的修饰效果。要从翡翠的独有性和款式修饰气质非同一般的两个方面打动顾客，推介过程可以视情况发挥，先介绍基本观念，再说明款式的修饰作用。只要抓住购买者喜爱独有、珍贵、荣耀的心理,就能够刺激她们的购买欲望。

1. 以三个基本点说明翡翠的价值

先介绍原料,告诉顾客翡翠首饰的原料都是独一无二的大自然的杰作,世界上没有一模一样相同的两件翡翠原料,以稀有性来激发顾客的占有欲望。

再介绍翡翠首饰价值的不可比性。翡翠首饰手工设计和制作的工艺价值含量较高,和其他类工业化生产的翡翠首饰相比更具收藏性,在未来有更大的升值空间。

同时就翡翠的文化属性进行比较。传统的人品如玉品的文化流传至今,传递选择翡翠首饰的文化品味能够提升顾客气质的观念。

2. 佩戴三结合,非同一般的感觉

结合顾客肤色说翡翠颜色:翡翠主要颜色有绿、红、紫、黄,色度又有浓、阳、正、俏、和的说法,颜色不明显但水头好的货品又有色调漂蓝等说法。顾客肤色适合的货品,感觉才是最好的。几种颜色的首饰戴上,就可以找到最适合的。翡翠首饰是买来戴的,再好的颜色配不上顾客的肤色买回去只能是放在首饰盒里,而发挥不了首饰的作用就是浪费。

结合顾客体形说翡翠形态:翡翠的圆润形态有别于钻石的棱角分明,佩戴总有富贵和谐感。翡翠首饰再小也会比钻石的个头大,易引人注意,也很容易就成为顾客注意的焦点。顾客的体形特征在这种"圆润"修饰作用下,突出的是柔美感,与宝石类首饰的锐利光亮完全不同。所以选择翡翠的大小一定要适合顾客体形。

结合顾客佩戴环境说着装配搭:翡翠的焦点作用比较强,不同的环境最好选择不同的翡翠,根据不同的翡翠首饰选择配搭的服装。休闲环境中,选柔和、随意一些的翡翠;商务场合,选色正、形美的翡翠。

通过上面对翡翠价值与适用性的比较选择,适合顾客个人的独特首饰展现在面前,任谁都会心动。所以,顾客购买信心是靠导购的专业性建立起来的。

3. 通过款式祈福保平安的作用引导顾客购买

在一次深圳珠宝展上,看到一些卖翡翠的摊主,见到顾客拿起翡翠首饰时,就告诉顾客货品的题材名字,以此来吸引顾客。摊主如此做,是因为很大一部分顾客买翡翠的要求不同,摊主多是迷恋于玉石的福文化、辟邪文化,并且对传统玉石福文化、辟邪文化有较多了解。但其中大部分顾客对翡翠不了解,顾客的选择在软玉和硬玉之间游离,他们更看重首饰的外形。首先,顾客往往会问一些很普通的问题:翡翠是玉么?其次,顾客会在意翡翠的价格。他们会把各类玉石和翡翠的价格放在一起比较,这时他们会发现翡翠的价格比普通玉石高出好几倍,在不知道翡翠详细知识的情况下,顾客是很难购买的。接待这些类型顾客时,导购应该如何做呢?

顾客需求不同,销售的方式也就应随之而变。导购首先需要从翡翠常识的角度与顾客沟通,打消顾客的顾虑。如通过对翡翠的产地、翡翠的珍贵性、稀缺性等介绍,让顾客认识到翡翠的价值。销售的动作也需要标准化,把翡翠常识沟通变为顾客看得见、听得到的动作。如将翡翠与其他软玉进行敲击,听声音的脆性进行比较,硬玉与软玉硬度的不同马上就可以感觉到。这样的演示呈现,可信度高,说服力也更强。另外,要顺水推舟,按照顾客的需求介绍翡翠的题材及寓意,这样顾客在掌握翡翠常识的基础上心里会更踏实,是可以做出购买决策的。记住,专业的呈现也提高了门店及品牌的信誉度,为再次购买及口碑传播作最好的铺垫。

这里要提醒导购的是,在针对顾客需求介绍翡翠不同寓意的时候,一定要注意措辞,如:顾客买貔貅时的心理诉求是招财,导购介绍的时候就只介绍貔貅招财的寓意,而不能往辟邪上介绍。因为这类顾客本来就迷信,导购用词不当,顾客心里可能会产生反感:我中邪了吗?讲翡翠的寓意时,用词要尽量婉转一些。顾客需要的就讲，不需要的少讲或不讲。有的导购想介绍更全面一些，实际情况则不是简单的想象，这样做恰恰是画蛇添足，反倒容易让到手的生意发生跑单现象。

有的顾客在购买的过程中，会挑剔翡翠的瑕疵、石纹、棉以及质地的细腻程度等，这时导购就要告诉顾客，这是天然生成的，正好证明货品的天然属性。对质地粗、水头不足的翡翠，导购就需要告诉顾客，天然生成的翡翠，很难有十全十美的。就算有接近完美的翡翠，价格也会相当昂贵，而且不是一般的昂贵。在销售的过程中，要注意顾客诉求福文化、辟邪文化的重点，在渲染利益的同时，婉转、科学地解释翡翠中的不足之处，使顾客在明白道理的情况下坦然接受不足。

准确辨认题材寓意是销售的前提。翡翠的寓意题材很多，手工制作的图案变化也会让普通消费者不知道雕的是什么。但顾客可以不知道，导购却不能不知道。清楚地说明翡翠的图案，顾客感知寓意才有可能购买。

如何呈现翡翠首饰的文化艺术性？

比较懂行的顾客，对翡翠雕琢文化及收藏非常感兴趣，他们注重翡翠材质的种、色、水、地、工等品质的好坏，首饰或者摆件巧雕、俏雕、打磨的工艺高低，以及翡翠本身的艺术及收藏价值。

面对这类顾客，如果导购对翡翠认识程度不深，就不要随便与顾客讲翡翠专业方面的知识，因为这样反显得导购班门弄斧。导购可以从翡翠的雕工、种、水、色方面肯定顾客的独到眼光及选择，同时加以言辞上的提醒，如"翡翠玉石讲究缘分才能获得"等等，一方面赞美、肯定顾客的决策；另一方面，促使顾客把握购买机会。这样可以达到双管齐下的效果，并让客户满意而归。

另外，在顾客的购买欲望非常强烈，而仅仅是对于翡翠的价格犹豫不决的时候，导购就需要向顾客介绍解释翡翠的价格以及近年的价格走势，品牌的售后服务、品牌厂商的专业实力等方面的信息,令顾客在购买时对产品及品牌有安全感。

"好东西不能错过","有钱难买心头爱"。还应当注意到顾客对品牌的认知。一般,顾客对品牌和产品的购买过程分为:知道、兴趣、了解、对比、尝试、认同、偏好等。顾客首先是知晓该翡翠的信息后对其产生兴趣,然后在了解、对比后产生尝试性购买行为,在购买后,顾客又会在与购买相同翡翠朋友、同事之间的对比中产生对自己购买翡翠的认同感,从而产生偏好。在每个不同的阶段,导购要根据顾客的心理特征,有策略地循循善诱,引导顾客的正确选购观念。

如何通过搭配作用说明翡翠的修饰价值?

1. 佩戴与着装

佩戴传统造型的翡翠饰品,着中式服装,可使人产生与东方文化浑然一体的整体美。现代职业装配上经典的翡翠饰品,可使人产生画龙点睛的美感,是时尚与传统的和谐统一;但多数职业装不适合佩戴绿色套系的珠宝首饰,特别是大白天,感觉如同异常艳绿于一身,反而俗气。以晚装出席招待会时,套装的翡翠饰品则可以在灯光下发挥出韵味无穷的魅力。

2. 颜色与翡翠首饰

白色服装能尽显翡翠的艳丽,是与翡翠的最佳组合。淡雅之色可衬托翡翠的含蓄,是搭配的要素。而浓艳的服装适宜小件的翡翠精品。黑色会影响翡翠的颜色,但只要搭配恰当,会显得极为高贵典雅。

3. 场合与翡翠首饰

休闲装配单件挂饰,随意中不失韵味。运动场不适合戴手镯与翠珠项链。工作时不宜选用过长、过大的饰品。但商务场合适合佩戴完美的翡翠饰品。

4.气质与佩饰

端庄高雅的人宜佩戴整套的翠饰。热情活泼者宜佩戴单件翠饰。翡翠首饰选择的是人的品味,每个人还可以按自己的气质想象来搭配,顾客想表现个人艺术气质的导购可以推介工艺款,顾客想表现个人妩媚的导购可以推介一些高档款。

黄金有价玉无价,怎样说明翡翠首饰的价格?

有次,顾客问一名导购翡翠为什么价格贵,导购用一句话回答"黄金有价玉无价"。如果你是顾客听到这句太熟悉的话会有什么感觉,是否会觉得导购在牵强附会传统文化。那么如何才能有理有据、专业地说明翡翠价格呢?

翡翠的价格定价策略是一种以预期心理为基础的,受翡翠消费文化、市场追捧、消费水准、甚至人际关系的影响。预期心理为基础是指人们对稀有的翡翠首饰价格的期望,珠宝消费不是那种越贵或者越便宜就有人购买的商品。从投资的角度,人们期望它有升值的空间;从佩戴的角度,人们期望它真的能够提升自己的气质;从祈求平安的角度,人们期望给自己更多的心理安慰。这些预期心理是影响翡翠价格的根源,期望越高,人们越愿意花大价钱购买。所谓"黄金有价玉无价"之说是由传统文化的认识产生,在今天运用应考虑当今物质丰富的环境。同时,产品定价是企业的事,顾客能否接受这个价格是另外一回事,翡翠销售人员要结合货品的成本、顾客的情感、公司的经营原则等综合考虑,在有关价格问题的谈判中,尽量使其向有利于成交和有利于公司利益的方向发展。

翡翠与其他珠宝相比,昂贵的理由如下。

(1)在数量上要稀少得多,翡翠只产于缅甸,分布稀少,而国内需求旺盛。

(2)成品体积要比宝石大得多,这是玉石类相对于高档宝石类的差别。

(3)赏玩玉石的境界不同,翡翠文化内涵丰富。

(4)艺术价值高,工艺制作与造型设计的艺术价值不同。

(5)翡翠韧性好,更为耐用。

(6)好产品价值几乎没有上限,增值可能性高。

(7)每块翡翠都是独一无二的,可作为传家之宝,世代流传。

(8)合意的翡翠可遇不可求,没有两个是完全相同的翡翠,心爱的翡翠是要花时间寻找,其只配有缘人的。

分清翡翠首饰的真实性,诚信维护市场

在珠宝市场中,翡翠市场是最复杂、也是最混乱的市场。主要是因为有很多与翡翠外观特征极为相似的其他玉石品种以假充真、以处理货(B货、C货)充好货,给翡翠市场带来负面影响。由于多数顾客对真假、优劣翡翠的识别能力有限,对翡翠消费缺乏足够的信心,产生对翡翠企业及产品的戒备感。所以,从事翡翠销售的导购的首要任务是让顾客消除这种戒备感,使他们相信本企业和本企业的产品,使他们建立起购买本企业产品的信心。

诚信销售要以恰如其分的语言引导顾客认识本企业及产品。如果我们只经营 A 货翡翠,就要让顾客知道我们的翡翠饰品全部经过权威鉴定机构的鉴定并配有鉴定证书;如果我们经营的确实是 B 货、C 货翡翠,那么也要让顾客知道它是经过人工处理的翡翠,这些人工优化后的产品有物美价廉的特点。这样有利于消除顾客的戒备心理,建立对公司产品的信心,顾客对产品有了信心和信任度才能产生购买本公司产品的欲望。

如何向顾客介绍翡翠戒面及戒指

用作戒面材料的翡翠,用料不多,小小一块却价值不菲,这是因为戒面都是使用中高档的翡翠原料做成的。向顾客推介翡翠戒指类首饰的时候,要遵循中高档翡翠的呈现原则,而不是用低档翡翠成品的呈现方法,同时翡翠戒指的推介也有些独特的方法。销售中档翡翠首饰不能回避的是价值的判断与说明,导购可以用下面的方法来引导顾客。图 5-18 为翡翠戒指。

图 5-18　翡翠戒指

(1)首先应当从"种"方面大致介绍戒指的品质价值。行业内一般习惯上把致密程度和透明度不同的"种",大致分为老坑玻璃种、冰种、豆青种等很多"种",它们之间的价差大致在一个数量级甚至更大。做个对比,如果一个颜色很好、老坑玻璃种的戒面,价格在数十万元以上的,那么冰种的价值就在万元左右;而相比来说,如白底青品种的戒面,那就相当便宜,属百元级的低档产品。所以翡翠戒面的种越差,价值越低。

(2)引导顾客对颜色做出客观的判断。这时要引导顾客以平和的心情去评估翡翠的绿色。行业内仅对翡翠的绿色就分出了几十种类型,这很难说清颜色优劣,顾客要选自己喜爱的色。看色要选择光线,有说法是灯下不看玉,因为色淡的翡翠在早晨和黄昏观察更美丽,而色浓的翡翠在中午阳光下观察较美。还要注意翡翠戒指"衬底"的问题,如果是镶嵌好的戒面,衬底和不衬底的颜色感觉是不一样的。"全包"的戒指衬底白色金属片会增加色的浓度。应该让顾客清清楚楚了解货品的品质,如果能够,最好取下衬底来透过光线进行观察。根据颜色的正、阳、浓、匀对顾客说明,大致划分出正绿、偏蓝绿、偏黄绿和灰黑绿即可,判断太过细致反而可能与顾客的观点不一致。其中正绿的翡翠价值最高,正绿的翡翠有的绿色如苍松翠柏,有的则艳如一汪碧水。

(3) 引导顾客进行对比。翡翠颜色好，又有细腻质地作衬托，做戒面材料才有价值。有的翡翠尽管颜色很浓艳，但种质只达到粗豆地或瓷地，这样的货品不用投资多少便可买到，比较适合作为潮流性服饰搭配品。另外，黄绿色、偏淡，种质是冰地或化地的戒面，档次在中档左右，这样的戒面适合大众消费者。种色好的货品与差的货品的差别很难描述，可以拿出其他种色的产品作对比，从体积大小角度告诉顾客，料小必质高，戒面所用的料是翡翠中的精华部分。

(4) 引导顾客观察戒面的净度。翡翠常见的瑕疵有黑点、石花、白棉、裂绺等。戒指的衬底还可能对瑕疵起一定程度的掩盖作用，在引导顾客时应该取下衬底。一般对戒面的净度要求比较高，可按瑕疵的有无和明显程度分为无瑕、微瑕、小花、中花、大花等几个档次，高档戒面用料要求较高，不能有明显黑点或者石花。有花的翡翠料，价值就要比无瑕级的低一半左右，可见在翡翠估价中净度的因素是绝不可忽视的。

怎样呈现翡翠手镯的特点

在各种翡翠首饰中，销售量最多之一、用料比较多的是翡翠手镯。在加工厂选料时，价值最高的部分一般用来加工翡翠手镯。当一块玉料没有裂纹时，有经验的玉雕师傅都一定会力争加工成翡翠手镯（图 5-19）。可见翡翠手镯消费的力度，在翡翠成品销售中占有较大的分量。像手镯这种成熟的品类，顾客消费时理性的成分居多。购买理性是顾客通过口口相传的方式了解的首饰选购时的注意事项，也会形成相应的价值评判标准。引导顾客购买时需要客观地从专业的角度分析每款手镯的价值，如从选择的档次上看，消费者是比较有主见的，应尽量让顾客在同档次、同价位翡翠中买到更有价值的，才是诚信的服务。下面以中低档为例，分析翡翠手镯销售特点和引导的方法。

图 5-19 翡翠手镯

推介中低档材质的翡翠手镯时,引导顾客按顺序去体验商品的优点、利益点。这其中有个口诀:先查裂纹要 A 货,瑕疵要少工要精,圈口大小亲试戴,"有种有色"是精品。口诀把评估价值与选择的顺序结合在一起,与顾客交流起来非常方便。推介翡翠手镯的步骤如下。

(1)第一步,引导顾客观察是否有裂纹或者断纹,这里说的裂、断纹是指次生的裂纹,即加工或者损伤造成的断裂,因为严重的裂纹和断纹是玉镯的致命伤,对商品的价值有很大的影响。裂纹常在手镯上横向分布。查裂纹时心要细,要对每个玉镯正面、反面、内侧、外侧作全面察看,也要察看镶嵌物下有无裂纹或破损,必要时用强光手电可比较方便地找出裂纹。现在检验机构已经可以出具翡翠证书,是否是 A 货翡翠用权威证书比较有说服力。

(2)第二步,引导顾客选择较少瑕疵的翡翠货品。瑕疵直接影响成品的净度,净度不高会给人种、水不正的感觉。瑕疵是指手镯上出现的黑色或黄色斑点和白色"石花"及原生的并非断裂的纹、缕等;同时要注意做工质量。手镯形状简单,所以要求加工细致,线条无一丝偏差。手镯的外形加工是否很圆,条径的粗细是否均匀一致,表面抛光是否有次点等都是加工质量的关键点。

(3)第三步,是让顾客亲自试戴,测试圈口的大小,试试条径的粗细是否与顾客期望的感觉相符。条径指的是手镯的断面尺寸粗细、宽窄。通常购买者的身体胖瘦和年龄与所选择的翡翠手镯条径粗细有关,比如中老年人和体胖者喜欢显得沉稳的手镯,常选稍粗些的条径；而年轻人喜欢显得活泼的手镯，常钟爱细条径的。

（4）第四步，价值高的翡翠手镯应是"有种有色"的。"种"指玉质的细嫩晶莹和透明度；"色"主要由翠绿色、芙蓉色、紫罗兰色三种颜色的分布和色度来定的。从颜色来讲，年轻人喜爱偏浅，中老年人则喜爱较深色调的玉镯，青年女性多喜爱有红有绿的芙蓉种、浅绿花青种和艳丽的紫罗兰玉镯。中年女性则喜欢浅色的油绿和浓艳的紫罗兰玉镯。老年人最喜欢紫色加上红色再加上翠绿的三色玉镯，这三色一体手镯号称"福禄寿"。现在消费中，低档翡翠中具有明显翠绿的白地青种质玉镯是选购占比较多的品种，由此可见顾客需求的多样性。

总的来看，对不同消费者应该导购适合的"有种有色"，"种色"与价格关系直接，可以用不同消费者需要的价位去找到适合的"种色"品类。

【金镶玉首饰的推介方法示例】

如图 5-20 所示。

材：产品所选用的都是天然 A 货翡翠，质地细腻。而黄金部分选用的是千足金，是寓意吉祥富贵的金属材质。因为是选用优质翡翠料，相对比较费料。

图 5-20　金镶玉

型:黄金造型全都运用高科技技术成形,浮雕图形精美。

饰:吊牌设计精致,佩戴服帖。翡翠与黄金双色相衬,适合现在流行的休闲趋势。

意:中国传统饰品,佛文化寓意浓厚,晶莹剔透的翡翠葫芦保佑佩戴者,能给佩戴者带来安详与平和,葫芦是福气与运气的象征。借助翡翠的光泽,护身佑体,保福运气顺。

工:挂绳纯手工编织,十分费功,是特别为玉佩打造,精心设计而成。

产品有国家鉴定机构出具的鉴定证书,权威信誉有保证。

翡翠摆件的推介方法

翡翠摆件(图 5-21)在家庭与营业场所都有点睛之笔的作用。翡翠摆件之所以流传长久,一个重要的原因在于翡翠摆件能表现出中国传统玉雕工艺,同时也包含了浓厚的中国传统玉文化,使之成为中国文化的一种载体,所以翡翠摆件的价值有两个方面:一方面是翡翠的品质,另一个重要的方面是翡翠的工艺。

图 5-21 翡翠摆件

【示例】

推介翡翠摆件的顺序包括以下几个方面。

(1)材质的优劣:翡翠摆件的质地优劣不一,种老水足的材料本身就灵气十足,为创作提供丰富空间,同时多种颜色的组合也能给人以美妙的感觉。

(2)工艺特征：精湛的工艺可扬长避短，锦上添花。翡翠摆件工艺技巧往往表现在运用俏色技术方面。

(3)表现的题材：首先看其题材有无特点；其次看造型是否有创意，文化内涵是否丰富。

(4)体积的大小：同等材质下，翡翠的体积、重量越大，其价格也越高，但有"色"的摆件还是比无"色"的大料珍贵。

(5)稀有程度：一些大而美或稀少的作品也是收藏价值的一个方面。

为什么"男戴观音女戴佛"

观音和佛都是来源于印度佛教。观音是四大菩萨之一。他大慈大悲，普救世间疾苦。当人们遇到灾难时，只要念其名号，便前往救渡，所以称观世音。观音本来是男性的，是如何变为具有女性特征的呢？而常见的佛公也并不是佛祖而是"弥勒佛"，其中有什么渊源与奥妙呢？

观音有求必应，佛教传到中国以后特别为女性所膜拜，从南北朝时开始渐渐变为女相。"男戴观音女戴佛"中的佛是乐呵呵的弥勒佛，常怀慈悲之心，弥勒是一尊福佛。其实现在的笑口弥勒佛，也不是印度佛教中的"弥勒佛"，而是按照我国五代时期的"布袋和尚"契此和尚的形象塑造的。身材矮胖，大腹便便，笑口常开。

原来"男戴观音女戴佛"的说法，在佛教中是没有定论的。但是因为大家说得多了，也就成为人们的一种习惯。翡翠挂件的题材很多都受佛教文化所影响，其中观音、笑口佛（图5-22）是人们所喜欢的主要饰品。逐渐"男戴观音女戴佛"这一说法就演化成今人所约定俗成的翡翠佩戴礼仪。

图 5-22 笑口佛

国人认为男主外女主内,男人是要做一番事业的,生存环境的影响容易使情绪波动反复,事业成功需要求个事事顺利,而观音正好有求必应,面容温和,适合想要以助事业发展的男子佩戴;"观音"谐音为"官印",这也是人们美好的期望之一。而女性以家庭为重,人生求的是有福气,甚至有福气是女性一生幸运与否的一种标准。而弥勒正是一尊福佛,"佛"谐音是"福",戴佛就有了"代代有福"的说法。

小常识:翡翠佩戴注意事项

(1)应避免与硬物碰撞或从高空摔落,防止撞裂或摔破饰体。

(2)应避免存放在高温下或用明火烧灼,以免丢失温润的水分。

(3)镶嵌的翡翠饰品应经常清洗,保持饰品的光洁和亮泽,镶嵌的金属物质年久失去光泽时可以到厂家或专业维修处抛光处理。

(4)长期不佩戴的翡翠饰品,每年可放在清水中保养一次,擦干水后,再适量涂点植物油进行保养,以更好滋养翡翠温润的灵性。

(5)储藏翡翠首饰,一般要单独包装,切忌和其他首饰混藏在一起,即避免磨损翡翠饰品。

细分翡翠产品类别,提升销售成功机会

翡翠饰品的发展历史并不是很长,经历现代市场的洗礼后,其消费者必然发生分化。现在消费翡翠的顾客层面分布广泛,收入层次不同,市场以相同标准去分类的商品,总有一天不能满足不同层面顾客的需要。这就会出现两极分化的现象,一部分顾客以收藏投资为目的,消费的是高档极品的翡翠;另一部分顾客以喜好、美丽为目的,消费的是中低档的翡翠。消费中低档翡翠的顾客又会因为消费习惯与审美的不同,而选择适合自己的产品。面对这种趋势,作为销售者,通过细分购买类型去分类翡翠产品,给顾客一个精确的产品定位,才是呈现产品力的最好方法。经过店面销售情况的分析,我们把中低档翡翠产品款式粗略地分为寓意款、工艺款、潮流款、豪华款等类型。寓意款翡翠为大家所熟悉,前文介绍较多,这里主要介绍工艺款翡翠的产品力呈现要点。

如何呈现工艺款翡翠首饰的特点?

"成也萧何,败也萧何。"翡翠加工工艺质量是直接影响成品价值的关键因素,即"做工"的质量高低最终反映到产品的价格。翡翠首饰加工本身有一定的局限性,比如极品满绿老坑种的翡翠材料,为了保证成品的体积,多用光身工艺雕工,目的是尽量少地损耗材料;而对于中低档的材料,多用花式雕工,目的是去掉瑕疵部分,留下材质相对好的部分。那么在呈现产品力时,如何能把翡翠的质量说得清楚、让顾客看得明白呢?工艺质量有没有一些可以参考的标准呢?

我国翡翠的成品加工地,一般都集中在广东省。其中,揭阳、四会、平洲、广州最多。翡翠的"做工"中,有一种流行的说法是"揭阳工"。揭阳是广东潮汕地区的一个地名,这里不产翡翠也不临近

呈现产品力

产地,却是翡翠加工销售的集散地之一。当地翡翠的加工质量全国闻名,以致有了"揭阳工"的雅号。揭阳出好工,是因为这里有天时、地利、人和三项优势。天时是指这里早就有翡翠加工的历史,改革初期这里的民众又先行一步以翡翠加工为主要生意。地利是指这里临近中国香港、台湾两地市场,又可放眼祖国内地市场的区位优势。人和是指改革开放后,全国的优秀雕刻家也聚集到了揭阳的阳美村这个小地方,所以所谓的"揭阳工"是优秀琢玉工匠们所创造的,而不是随便给产品冠以"揭阳工"的就是好工。

翡翠加工的每一道程序都有工艺的要求。对昂贵的玉料,加工前要量料取材,琢玉工匠必须要有熟练的取材技巧,这是前期选料工序。而第二道的设计工序,需要既充分利用原料,又能让每块材料的长处发挥到极致,正所谓"匠心独运"、做工完美首先是取材与造型设计的完美。琢玉工序是在加工材料上实现设计思路的过程,细节的处理是成品完美的关键。抛光镶嵌工序是最后画龙点睛之笔,手法精致出好货。

仁者见仁,智者见智。评估翡翠加工工艺质量的优劣,观赏者往往被自己的观感、审美观所左右。对高端翡翠产品,可以说是从欣赏的角度去解读;对于中低端翡翠产品,销售者则需要站在专业的角度去解读。这种专业解读能力是建立在系统的分析框架上的,有理有据才能让顾客信服。根据翡翠加工的程序,这里建立成品工艺与质量分析模型,作为导购呈现产品力时对工艺评价的参考。

(1)评价选料质量主要包含以下几个方面的内容。

1)是否根据翡翠原料的情况来取材,体积、种质等方面的材料优势能否很好利用。

2)强调取材是否符合成品器型的各种要求,如手镯要求颜色均匀没有裂纹。

3)取材能根据石料结构变化巧妙成形,能突破石料缺点的束缚,化腐朽为神奇。

(2)评价设计质量主要包含以下几个方面的内容。

1)设计思路的清晰性:整件雕件只表达一个思想,造型主次分明,图案简洁大气。

2)设计元素的文化延续性考量:保持传统文化的图形元素,同时又为与众不同的创新作品。不能有不合寓意的图形或者牵强的主题。

3)设计完整性考量:造型以圆润饱满为基本要求,没有破坏原石完整性的地方,整体统一,图形相互呼应。

4)构思的巧妙性评价:随形成器,根据材料的形状、颜色、体积和裂、脏、绺分布位置情况设计适合的题材。例如:石料的外层石黄可以用来俏色。体积正好一握的可做把玩件。体积非常小的可以镶嵌起来做吊坠。用材料干净无黑点的地方做人像的脸部。

5)成形的层次感评价:有主就有次,采用次要的造型对比主要造型。如常用动物来渲染寿桃。

(3)评价琢玉手工质量主要包含以下几个方面的内容。

1)基本形态质量:整体形象美丽,造型圆润。细节部分精细处理,不能有未处理的死角,或者处理不当的败笔。图形比例精确,对称协调,没有不成正常比例的地方。

2)手工质量:讲究线条流畅自然,线条绝无中途断线、破线之处。点圆形润,凹凸之处做工细腻,表面如同镜面平滑没有破点。阴线与阳线起刀之处明显,不能有线条生硬之感。阴线是凹进去的线条而不能是坑,应随着刀势的线条走。细部可以用放大镜查看,有无用刀力过大产生的崩边,是否有黑点没有去干净。

3)观感灵动质量:不论是造型还是线条都需要有一股灵动的气势,要求造型不呆板,主题活灵活现。

(4)评价翡翠成品抛光质量主要包含以下几个方面的内容。

翡翠抛光的目的有三个:一是在光线通过表面时不会产生障

碍，二是获得完美的弧度曲面或者整洁的平面，三是获得翡翠迷人的光泽。判断抛光质量的方法有光线观察法、放大检验法、照相反映法等多种方法。光线观察法可以看光在翡翠表面上反射的状况。如果是整面反射而没有暗线及突兀的亮线，光亮带在翡翠表面不扭曲，没有刺眼亮点，则说明抛光质量比较优秀。放大检验法是用放大镜观察表面，好的抛光应该看不到刀痕和抛光纹路，看不到石料晶体脱落形成的坑，凹处光滑没有未处理的伤等。照相反映法是给商品照相后放大查看，查验时把前两种方法结合起来，效果非常显著。翡翠抛光后都要上蜡保护，但有些质差的做工会用上蜡掩盖抛光不好的缺陷。最后应让顾客查验表面是否涂有厚蜡，用手触摸就可以分辨出来，如果蜡层过厚，可能是想掩盖翡翠瑕疵。

翡翠加工中有几项高端工艺，如镂雕、链雕、俏色等，掌握这些工艺的琢玉工匠比较少，高端工艺手法会给成品带来奇妙的效果，这些工艺的运用也间接证明翡翠成品的工艺价值较高。镂雕也称镂空雕法，即把石材中不需要表现的部分掏空，留下需要的部分。链雕是用一块石材镂空雕刻出一整条活动链条的雕法。"俏色"，就是根据一块石料上的多种天然色彩进行设计，将天然色彩运用到造型中去的雕刻方法。这种雕法因势利导，顺势雕刻。俏色，不是粘贴的玉块，而是在石料的整体上构思而来，并经过高端的工艺处理得到的佳作，有如巧夺天工，成品的宝贵价值就可想而知。

第六章　训练、演练、修炼，珠宝首饰呈现的训练

　　概括本书的写作意图，其实只有一个主题："如何呈现珠宝首饰商品？"读者可以把本书看作是一本关于产品知识类的书籍，但是，珠宝首饰知识并不是本书想要表达的范围；读者也可以把本书从前到后读上许多次，背诵有用的地方，但死记硬背的方法从来不是笔者培训的方式；读者也可以照抄本书写出的培训教案，但是，个人的创造价值将不能体现出来。

　　本书的读者对象是珠宝首饰营销人员，而不是在校学生。即书的读者定位是已经走上珠宝首饰销售岗位的导购人员，读本书的人应该是有急用需求的，而珠宝首饰导购正有这样的需求。这本书是培训教材，对自愿参加的培训者，笔者一直认为她们具备优秀销售者的基本素质，懂得学习，也懂得有效学习。而如果你是被强制参加培训，只要认真学习和训练等，就也会像奥运一样，参与必会有所得。如果你看书的方式是从本书的第一章直接跳到这一章，现在也没有必要马上返回去从第一句话开始阅读，先看看这一章的内容也会发现一些有价值的地方。本书为那些习惯从任何一章开始阅读的人做了写作方式的改变，每一个小节都会回答一个问题。你把本书看作是珠宝首饰销售的百问百答也不为过，正如作者在培训中经常提到的一个观念，你的意愿决定你的收获！你想要才会有学习目标。

第一节 任何困难的事都怕找问题的人，没有问题的人做不好销售！

阅读本书也一样，关键的问题是在看这本书时你是否提出自己的问题！

"如何呈现珠宝首饰商品？"想从本书中获得能力提升，那你在看或者读本书时就应该注意三个关键的问题：什么是呈现珠宝首饰商品？呈现的是什么？如何呈现才是有效的？

什么是呈现珠宝首饰商品？作者的回答是：呈现是一个过程，呈现是将产品的价值综合体现出来，而价值只有在顾客感觉与思考中产生，导购所做的是帮助顾客认识价值，呈现商品是帮助顾客认识珠宝首饰价值的过程。简单地说，呈现技术就是准确推介商品的技术。

呈现的是什么？作者的解释是：呈现的是顾客体验到的价值，这种体验包含珠宝首饰商品的价值，并且包含了能刺激与引导的方法。注意：不只是把商品价值说出去就完事，而是一种引导顾客感受的方法。

什么是有效的呈现？作者在本书中提出了说明珠宝首饰商品的"五步说明法"；还通过案例分析呈现商品的策略，即如何去展示商品的特点。本书更多的时候是在分析某一类首饰商品，结合顾客的需求，提出类别商品销售时的观念作为参考，用示例的方式指导阅读者有效的营销方法，更鼓励阅读者创造适合自己的方法。把"鱼"和"渔"同时奉献给阅读者，才是一种快速有效地让珠宝首饰销售者提高专业性的方法。

如果说会提出问题的人还不是最优秀的，那么，懂得通过解决问题去训练自己的人一定符合最优秀的素质要求。销售珠宝首饰产品有无数的问题等着导购去回答，不只是数个或者本书所涵盖的，那么市场变化之后，书中的内容还会有效吗？我想销售本身有它发展变化的过程,了解原理可以帮助我们在遇到新问题时有解决的方法以及帮助导购更有效地解决那些经常遇到的问题。

成为一名优秀的导购是否比较困难呢?大家知道,机会都是喜欢有准备的人,做一个珠宝销售导购也要有准备才不会让销售机会溜走。那么如何准备呢?对每个可能出现的问题都有解决的预案就是解决困难问题的最好方法之一。

预案有三种方式:书面记录的,脑中记忆的,熟练掌握的。有些时候珠宝公司的经理人员会准备一些书面材料让导购阅读,也包括把这本书作为一份教材发给导购阅读。阅读是一个了解知识的好渠道,但作者所倡导的不只于此!结合阅读心得然后准备适合于自己的方法,才是学到了技能。作者的能力并不等于读者的能力,正如看完本书十遍并不代表读者已全部掌握珠宝导购的方法!书面准备与脑中记忆是两条殊途同归提高销售商品能力的路径。熟练掌握是知行合一的表现,提高销售能力在作者看来就是掌握解决问题的预案并能创造性地发挥!

上面这段话是本书的总结,即我们找到了解读产品力的方法,并且清楚知行合一是我们提高技能的唯一方法。导购自己就是一颗钻石,打磨才是迷人火彩的惊世现形之道。解读产品力,对导购来说,如同打磨钻石一般,只要用心,再加上不断的训练,成功就在眼前。

第二节 谁来训练导购的专业化商品呈现能力

提高能力的最佳方法是六个字:训练、演练、修炼。想要提高有效呈现珠宝首饰商品的能力,训练自己是基础,演练是方法,长期修炼才有素质的根本提高。这六个字都是要落实到导购自身的,所以提高能力是训练自己的过程。

销售不能总想着有同事、有高手可以帮助你完成,学习也一样。作为你的专业,不只是多看看就可以达到目标,更要多练习。

别人帮助是有限的！你的上级、你的同事，他们可以帮助你，但是，任何人的精力都是有限的，不可能完全帮助你解决一切问题。求人不如求己，最好是自己来锻炼自己。帮助你的人可以做什么事，自己需要做什么事，你必须分清楚。帮助你的人可以为你提供的是方法，而你自己可以为自己提供的是自我训练。

第三节 简单就是力量，简单的事情重复做
——训练自己专业呈现能力的方法

方法越简单，结果才能更加准确，学习才能不走弯路。珠宝门店的导购创造了一种"画款及写说明词法"，这个方法很简单，只用一张表格，让导购在数十次填、写、画之后就能看到提升的效果。在数百次的填写画之后，一名普通导购可以成为优秀的商品销售者。把填写画的作业拿出来与其他同事交流演示，既是分享又能达到演练的目的，一举两得。在不断地填、写、画之后，修炼解读产品力的目的也就有了实现的基础。训练就是不断地重复练习，这种方法我们看似原始，作用却是直接有效的。这个方法我们进行过长期的实践，事实证明是行之有效的。

"画款及写说明词法"的练习是填写一张表格（表6-1），它简单直接，对导购来说是可以方便地在店面练习。训练的方法也很简单，只要在店面上新款珠宝首饰的时候留心作好记录，我们的训练就开始了。导购把款式画在款式画栏里，不必在意自己画得好不好，尽力而为就可以。然后，按五步呈现法拟写说明词、设计呈现方法并运用呈现训练表记录下来。当这张表格的空白之处都被你填满你对这款首饰的理解时，一个完美的产品呈现方案也就展示在你的面前。

简单就是力量，简单的"画款及写说明词法"造就了一批优秀的销售者。有句话是这样说的：把简单事重复做，就是成功的开始，简单的事反复做就是最好的训练方法。

表 6-1 商品呈现训练表

款式图（手绘）	款式名称：
	款式编号：
	金重：
	石重：
	圈号：

款式来历：

商品呈现要点	
材	
型	
工	
饰	
意	

呈现产品力

第四节 赠人玫瑰,手留余香——分享知识的终端店面学习模式

不是脑筋急转弯的问题:假如你有一个苹果,我有一个苹果,我们俩相互交换,请问你有几个苹果?当然只有一个,对吧?接着提问,假如我有一个想法,你有一个想法,我们俩交换,你有几个想法?当然是两个!这些解决问题的思想构成了我们的技能平台,当你与他人分享与交换思想的时候,你的平台是否会更高一些呢?

这本书就是作者与数千位导购朋友们在交流中获得的灵感,它就是一个很好的例证,尊重分享会让我们收获更多,甚至有意想不到的收获。企业培训如同分享知识大餐。作者在台上分享,那只是单向的形式,分享的是个人的见识。如果参训者同样拥有别人所未曾经历的事件,把大家的经验汇总在一起,那该是怎样的人生经历!可能一个人穷其一生都不可能经历如此之多的成功与失败。在企业培训中作者发现建立学习小组的形式效果明显。每一次培训作者都会珍惜难得的与导购们聚在一起的机会,挤出时间让她们相互分享。这在作者看来非常重要,也有助于学员之间的相互帮助、相互激励、相互监督。最理想的状态是同一个门店的人员参加同一培训时成立小组,并和培训师保持联系,定期训练,这样就能改变整个店面的行为模式。

在一些店面,聪明的店长会建立起店内例会讨论的形式,定期让店员们一起交流销售的经验。有人会问这是否是浪费时间?也有人说坚持下去太不容易,还有人说这个方式做个两次就行了。这些想法都不能说是真诚地想"赠人玫瑰",也不能算是学习者的思想,只能算是投机者。学习的窍门是没有窍门,管理也是一样,导购们能够有一个长期的交流分享的平台才能凝聚起来,她们通过定期的讨论学习养成良好的习惯才是我们管理者的目标。

赠人玫瑰,手留余香。与她人分享可以帮助我们快速地获得经验,与她人定期分享可以帮助我们改掉做事随意的习惯。一举几得,何乐而不为呢?对于管理者而言,把店面每个人的款式呈现训练表汇集起来,就建立起门店款式呈现档案库。这个档案库里装载的是大家的智慧,是知识的宝库。门店销售团队的长远发展如果有这样一个宝库做基础,无论是谁,都可以快速从中吸取养分。如果竞争者想要超越,首先需要超越该门店所有人智慧的集合,而这是个体的力量几乎不可能做到的。团队在竞争中的优势就是集合大家的力量。在市场竞争中,如果想赢,想成为优秀的赢家,那你还等待什么?马上行动起来!

附　　录

著者简介

徐限忠(笔名徐中),曾担任周大生等数家珠宝公司培训部负责人,2006—2009年带领培训部完成600多家珠宝店的开店培训。现正为各公司建设培训体系、加盟店培训体系项目、展会论坛项目、培训师开发项目等服务。

图6-1　著者讲课照片

本书征订方式:深圳市智圆行方珠宝培训机构

联系方式:黄老师,13246721058

徐限忠老师培训核心课程大纲有三个:核心竞争力——珠宝终端持续赢利系统大纲,店长培训课程大纲:"智慧赢家"店长培训简介,珠宝销售培训课程大纲:销售精英成长培训简介。

核心竞争力——珠宝终端持续赢利系统大纲

一、看不见的战场——珠宝终端经营现状

拼命三郎、见缝就钻、满铺网点

开店只是开始,之后的路要如何走

终端不是"做"垮的,往往是"造"垮的

有智慧的终端,企业能赢得竞争;无智慧的终端,企业被竞争淘汰

风雨同舟,与品牌同在,长期赢利

品牌加盟商要投资未来,长期发展才是硬道理

二、谁来担当重任——珠宝门店持续赢利的保证是什么?

终端管理、经营的悖论

经营的思想没有变革,经营怎有起色

同质化的产品对谁更有利

改变产品同质化的动力不能靠直觉

同质化的误区,就是盲目追求短期业绩的结果

促销救不了营销,营销不只是促销

政策不统一,终端自相矛盾

目前珠宝终端营销的短板是从来没有重视过顾客的价值

尊重市场,不要把品牌当成手中的玩物

品牌的单一优势,并不能代表持久的竞争力

谁是对手?如何切割?要有打持久战的信心

品牌加盟是"输血"还是"造血",老板的执行意识决定下属的执行决心

开发终端资源与经营体系健全的辩证关系

三、三足鼎立——珠宝终端持续赢利的支撑系统

不要哪壶不开提哪壶,老板的管理境界——管好关键性业务绩效

渠道占位,策划先机,一二级城市做样板市场,三级以下做独占市场

竞争最终是客户资源的竞争,客户细分经营才能统帅市场

直接从终端中来,货品差异让顾客说上话

店员可以不具备最高的素质,但必须是最高标准训练出来的

体验制造口碑,顾客拥有一票否决权

研究对手,研究自己,结果好不好就看追踪过程是否执行到位

招适用的人,给适当的激励,做最好的训练

根植人心的终端团队品牌文化

四、终端成功靠什么,智圆行方

智——智慧,学识;圆——整体思维;行——行为、行事;方——尊重规律

最好的不是赢家,更好的才是赢家

经营是让别人去做正确的事

店长培训课程大纲:"智慧赢家"店长培训简介

每一位终端管理者都有责任让自己的团队目标明确、内部和谐、专业精通、整体作战、实力一流,让自己的门店在激烈的市场竞争中持续盈利。

如何打造卓越终端团队?如何经营货品?如何管理客户?如何成为销售高手?

"智慧赢家"培训是一次从理念到实战的训练,四天四晚课程,提升自我,同时带领团队共进;掌握珠宝终端经营的核心技能;洞悉店面各项运营管理的秘诀;真正掌握明天就可以学以致用的管理实战技能!

一、管理智慧修炼

门店不可无魂——门店经营者素质五大修炼模块

通过沟通体系管理,开启员工的心门

培养导购自信心、忠诚心、感恩心、上进心

如何激励员工四气:霸气、和气、志气、朝气

如何提升员工向心力、自制力、创造力、销售力

二、货品智慧经营

货品知识到经营技能:货品经营的"一化三度"培养

从原则到精确:配货、补货,货品结构调整的精细化管理

商品陈列的四化:标准化、活化、美化、人性化

珠宝陈列实战沙盘模拟演练

三、智慧经营新观念

超越竞争对手的法宝:建立客户关系三项理念

四维度考查如何赢得忠诚客户

六步拨开竞争对手的层层伪装

三个关键阶段:通过客户关系管理提升业绩、营造顾客唯一体验、建立区域竞争优势

客户关系管理:四大关键模块操作

让客户成为你的"资产"的九个方法

四、智能型销售技术

抛开传统销售方式:用卓越销售模式的三大关键理念

运用营销力影响顾客决断的五维分析

营造独特视角:360度全景分析顾客

让顾客进入你的销售"频道"的十二个关键时刻

卓越产品介绍的"三加一法"模型

排除一切障碍,积极应变

珠宝销售培训课程大纲:销售精英成长培训简介

对于复杂的珠宝销售工作,不仅要调整心态,更要训练思想、训练技能。精英成长训练分为两大模块:自我成长和销售核心技术。导购能否掌握销售技巧?这不是复杂的技巧,而是一些珠宝销售的核心技术,只要发挥智慧的力量,即使是新上岗的销售者也可以掌握。如何能快速掌握?培训师是关键,培训者既要能引导导购实战体会,深入细致、系统地研究,讲授者又必须具备深厚的训练经验与教学功底。实际效用如何?作者曾在全国店长巡回培训中试讲早期开发的部分内容,当场引起巨大轰动,精英店长认为实战、实用、理念优势领先,竞争力超强。

一、培训目标

(1)受训者找出并评估自己思想的优缺点,突破成长的心理障碍。

(2)主动且成功地展示自己,使自己更易接触广泛的中高端珠宝消费者。

(3)自我省思,包容他人、信任他人。完善团队人际关系,掌握团队协作技巧,营造团队和谐气氛,增强团队凝聚力。

(4)完善与顾客的人际关系,拓展销售新思路、新领域。

(5)掌握高端销售服务技术,创造顾客体验高峰,完美创造一流销售业绩。

(6)成为全新的、有企图心的、受欢迎的、有影响力和亲和力、勇于挑战、帮助他人成功的人。

二、模块之一——珠宝销售能力是智慧的升华,销售成长的先决条件:思想训练

(1)珠宝销售人员自我认知训练

(2)团队经营训练

(3)融会贯通训练

三、模块之二——修炼珠宝销售技术

(1)珠宝导购十大技术模块完美训练

(2)珠宝导购十大关键时刻实战策略沙盘对策演绎

(3)珠宝导购十大核动力技术,塑造销售精英

呈现产品力